中上級

読んで考える

10のトピック

日本語

もり よし こ
森美子：著
Mori Yoshiko

10 Topics on
Reading and Thinking about
the Japanese Language
for Intermediate and Advanced learners

Kurosio

くろしお出版

10 Topics on Reading and Thinking about the Japanese Language for Intermediate and Advanced learners

©2022 MORI Yoshiko

First edition: July 2022

Kurosio Publishers
4-3, Nibancho, Chiyoda-ku, Tokyo 102-0084, Japan
https://www.9640.jp

ISBN 978-4-87424-908-6

Printed in Japan

本書のねらい

　本書は、中上級レベルの学習者が日本語について学びながら、日本語力を向上させることを目的としています。日本の言語学者が一般向けに分かりやすく論じた「生の」文章を軸として、学習者が日本語をめぐる数々の問題について考え、ディスカッションし、発信する中で、言語文化に対する意識を高めることがねらいです。

　外国語学習は、単語や表現を覚えてただがむしゃらに練習するだけでは、いつか壁にぶち当たります。日本語の学習では覚えることがたくさんありますが、それは逆に、背景にある歴史や文化、ことばのしくみに目を向けて、一見ばらばらに見える知識を関連づけ、体系化させる学習が必要だということです。たとえば、非漢字圏の日本語学習者の多くは、漢字の数の多さと形の複雑さにため息をつき、「漢字は難しい」「覚えることが多すぎる」と感じていることでしょう。しかし、そのような認識だけでは学習意欲が湧きませんし、漢字学習も前には進みません。それをもし「漢字はなぜ字数が多いのだろう？」「複雑さの中に何か規則性はないのだろうか」という問題意識に発展させ、自ら探究する姿勢で学習に取り組んだらどうでしょうか。そして、表意文字としての漢字の特性や、漢字文化の地域的、歴史的つながりを探り当てたときの感動はどれほどのものでしょうか。そのような「そうか、そうだったんだ」と胸にストンと落ちるような体験を重ねることで、難しいと感じていた学習が次の段階に進んでいくのです。

　本書は、ある程度日本語の知識のある学習者が、それまでばらばらに覚えてきたことをまとめ、新たな問題意識をもって日本語に取り組める機会を提供します。同時に、読解、語彙・表現練習、ディスカッション、考察、表現活動と、段階的に学習を発展させることで、言語知識と運用力をバランスよく伸ばします。このような分析力と言語力を養うことで、自分で学習課題を立て、様々な学習ツールを使いながらも自力で日本語力を伸ばしていけるような自律した学習者を育てることをめざします。

目 次　CONTENTS

本書をお使いになる皆様へ

本書の特徴

❶ 日本語に関する題材を扱うことで、学習者の興味と学習意欲を引き出す

　本書で扱う題材は、言葉の意味、言語と文化、漢字、敬語、カタカナ語、擬音語・擬態語、言語の変化など、どれも「日本語」に関することです。中上級の日本語学習者にとっては、ある程度、学習経験と知識があるため、興味を持ちやすく、そこに新しい気づきや発見があれば、学習意欲が高まります。各課とも、学習者の知っていることから出発し、「あ、そうか」「そうだったんだ」と、ばらばらに覚えていたことがつながったと実感できるような学習をめざします。

❷ 言語に対する分析力・メタ認知力を養う

　日本語力を向上させるには、言語知識を増やすだけでなく、言葉を分析する力や自らの学習を客観的に把握、管理する力（メタ認知力）を養って、自力で言語力を伸ばせるようにすることが大切です。本書は、もう知っていると思っていることに疑問を投げかけたり、問題意識をもって自分で調べたり、考えたりすることを重視します。さらに、学習者同士で情報や意見を交換し合うことで、自分の理解や考えを整理し、新しい知識や考え方を取り入れる技量を広げることをめざします。

❸ 日本語の言語知識と運用能力の向上をめざす

　ある題材について理解、発信するには、基礎的な言語知識やスキルだけでなく、その話題に特化した語彙や表現を学び、使えるようにする必要があります。本書を使った学習では、教養のある日本人向けに書かれた「生」の文章を正確に理解するだけでなく、そこから学んだ語彙や表現を何度も違うコンテクストで使えるような作業や活動を行います。「読み物」の内容とそこから学んだ表現を、学習活動とスパイラル式に関連させ合うことで、「見ればわかる」知識から「使える」知識への転向をめざします。

❹ どの課からでも始めることができる

　どの課も構成は同じですが、内容面、言語面とも独立しているため、興味のある課から始めることができます。各課の学習語と文法表現として取り上げられているものは重複していないため、本書を使って学習することで、着実に言語知識を増やすことができます。

本書は10課の構成で、各課ごとに「読み物」を中心に、次のトピックを扱っています。

	トピック	読み物
第1課	言葉に敏感になろう	大野晋「意味の違い目を見る」
第2課	日本語らしい表現とは?	金田一春彦「他人への考慮」
第3課	ことばは文化を表す	鈴木孝夫「太陽と月」
第4課	漢字について考えよう	阿辻哲次「漢字の数／部首の不思議」
第5課	敬語を学ぼう	菊地康人「敬語の種類」
第6課	カタカナはどんなときに使われる?	秋月高太郎「ココはカタカナで書くしかないデショ?」
第7課	擬音語・擬態語はおもしろい	山口仲美「擬音語・擬態語に魅せられる」
第8課	ことばは変化する	井上史雄「ラ抜きことばの背景」
第9課	方言を見てみよう	大西拓一郎「「行くだ」「言うだ」のような言い方」
第10課	これからの日本語	庵功雄「マインドとしての〈やさしい日本語〉」

各課の構成

1. 読む前に考えてみよう

　　各課のテーマや「読み物」で扱う話題について知っていることを確認したり、学習者同士で情報交換をしたりしながら、読むための準備をします。

2. 読み物

　　各課の中心となる「読み物」を正確に理解します。「読み物」は、学習者向けに加工されたものではなく、日本の言語学者が一般向けに専門分野を論じた本から抜粋した読みごたえのある文章です。そのため、日本語能力試験（JLPT）のN1、N2、N3、級外相当の語と漢字は別冊の単語リストに読み方と意味をまとめました。Webサイトには、各課で学ぶべき20語を練習する問題もあります。学習者の語彙力に応じて、単語リストと練習問題を活用し、読解の負担を調整してください。一度読んでよく理解できないところは、何度も読み返すといいでしょう。次の「読んで理解しよう」の問題を参照しながら読み進めると、大切な情報をとらえる練習になります。

3. 読んで理解しよう／クラスメートと話し合おう

　　読解問題に答えながら「読み物」が正確に理解できたかを確認します。読解問題には、正

誤問題、選択式、穴埋め、記述式と、形式と難易度の異なる問題があります。指示詞の問題は、文のつながりや文章の流れを把握するいい練習になります。最後に、「クラスメートと話し合おう」でディスカッション・クエスチョンが用意されています。「読み物」から学んだ知識や表現を使って、意見を交換し合いましょう。

4. 文法表現を学ぼう

「読み物」の内容が理解できたら、そこで使われている表現形式に注意を向けます。ステップ1では、これまでの文法知識を生かして、助詞と文法表現を書き入れる問題を行います。これは、コンテクストの中で語や表現がどのように関連し合っているかを考える練習です。ステップ2では、文法表現をいくつか取り上げ、使うことを意識した練習を行います。ここで取り上げた文法表現が、その後、文章を書いたり、口頭発表をしたりするときに使えるように、例文やコンテクストには「読み物」の内容に沿った表現が使われています。

5. 考えをまとめ、書いてみよう／発表しよう／発展させよう

「読み物」を読んだら、問題を整理し、ディスカッションや作業を通して、自分の考えをまとめます。考えるヒントとして課題が用意されていますが、学習者の問題意識と日本語力に応じて、課題を変更してもかまいません。考えがまとまったら文章にして、クラスで発表します。同じ内容を伝えるにも、書くのと話すのとでは、言葉づかいや情報の使い方が違うため、それぞれの利点を生かした分かりやすい伝え方を工夫してください。「発展させよう」では、「読み物」から得た知識を応用したり、グループまたは個人で進める学習者主導のプロジェクトを行います。各課で学んだ知見や表現を最大限に活用して、自律型・発信型の日本語学習を実践しましょう。

巻末「表現を使おう」

文章を書いたり、口頭発表したりするときに使ってほしい表現を「表現を使おう」として巻末にまとめました。課題に応じて活用してください。

❶ 文法用語／日本史時代区分　　　❷ ニュースを伝える

❸ 表やグラフを説明する　　　　　❹ 比較・対比する

❺ 事実／意見を引用し支持する　　❻ 事実／意見を引用し反論する

❼ 異なる見解を考察した上で自分の意見を述べる　　❽ インタビューし、その結果を報告する

❾ アンケート調査をし、その結果を報告する　　　　❿ フィードバックする

別冊
_{べっさつ}

❶ 解答例
_{かいとうれい}

本書の模範解答を示しました。自習、復習に活用してください。
_{ほんしょ} _{もはんかいとう} _{しめ} _{じしゅう} _{ふくしゅう} _{かつよう}

❷ 単語リスト
_{たんご}

「読み物」ごとに、日本語能力試験（JLPT）のN1、N2、N3、級外相当の語と漢字の
_{よ もの} _{にほんごのうりょくしけん} _{きゅうがいそうとう ご かんじ}
読み方と意味をリストアップしました。それ以外にも、読解の際に必要だと思われる語も加
_{よ かた いみ} _{いがい} _{どっかい さい ひつよう おも ご くわ}
えてあります。それぞれの語に英訳をつけました。また、各課で学ぶべき20語（主に漢
_{ご えいやく} _{かくか まな ご おも かん}
語）には＊印がついています。これは「読み物」のキーワードとなる語や、応用範囲の広
_{ご じるし} _{よ もの ご おうようはんい ひろ}
い基本語です。集中的に学習するといいでしょう。本書を修了すると、200の学習語を新し
_{きほんご} _{しゅうちゅうてき がくしゅう} _{ほんしょ しゅうりょう がくしゅうご あたら}
く学んだことになります。
_{まな}

Web サイト https://www.9640.jp/books_908/

▶ 漢字と語彙を覚えよう（練習シート）
_{かんじ ごい おぼ れんしゅう}

▶ 敬語力診断テスト・解答
_{けいごりょくしんだん かいとう}

▶ 評価表サンプル
_{ひょうかひょう}

本書をお使いになる先生方へ

授業時間数

　本書を使った授業時間数は、コース目標、学習者のレベル、発展学習をどれだけ取り入れるかなどによって、教員が柔軟に設定することができます。たとえば、75分授業が週2回、15週間のコースでは、1学期に5課分、1課につき約3週間（授業6回分、7.5時間）で進めることが目安となります。ただし、これは学習者が授業外に、課題の準備やクイズの勉強などで、少なくとも週に2〜3時間は学習時間をとっていることが前提です。限られた授業時間内で教室活動を円滑に進めるには、授業外での学習と準備が不可欠です。両者は補完的な役割を果たします。学習者の日本語力や授業外学習がどれだけ期待できるかに応じて、最適な授業時間数を割り出してください。

　以下、参考として、「読み物」を中心とした1課あたりの学習計画を紹介します。

	流れ	教室活動	授業外学習／宿題	クイズ
1	前作業	「読む前に考えてみよう」 ◎「読む前に考えてみよう」の作業をしながら、学習者同士で情報・意見交換 ◎学習語・漢字の導入・練習　　　（1時間）	◎授業の前に「読む前に考えてみよう」をやっておく ◎漢字練習、漢字・語彙クイズの勉強	漢字・語彙クイズ
2	読解	「読んで理解しよう」「クラスメートと話し合おう」 ◎「読み物」をクラスで一緒に読み、内容と表現を確認 ◎「読み物」についてのディスカッション　　　（3時間）	◎「読み物」を自分で読み、読解問題に答えておく ◎「読み物」の一部を音読した音声ファイルを提出（音読クイズ） ◎読解クイズの勉強	音読クイズ 読解クイズ
3	文法表現	「文法表現を学ぼう」 ◎ステップ1の答え合わせと要点の説明 ◎ステップ2の文法説明と表現練習　　　（1時間）	◎授業の前にステップ1を宿題としてやっておく ◎文法表現クイズの勉強	文法表現クイズ
4	ディスカッション・考える	「考えをまとめ、書いてみよう」 ◎「読み物」のテーマについて話し合う ◎問題点を整理し、考えをまとめる ◎意見文の構成を考え、表現を復習する　　　（1時間）	◎「考えをまとめ、書いてみよう」に作業がある場合は授業の前にやっておく ◎意見文の第1稿を書いて提出	
5	発信	「発表しよう」 ◎口頭発表 ◎質疑応答・ディスカッション・ピアフィードバック　　　（各発表10分程度、1時間）	◎発表準備 ◎教員と学習者のコメントを参考に意見文を改稿し、オンライン上などで共有する	

6	発展学習	「発展させよう」		
		◉プロジェクト説明 ◉グループでの話し合い　　（0.5時間）	◉プロジェクトを進める ◉発表や文章でクラスメートと成果を共有する	

評 価

　評価の方法は、複数の評価法を取り入れ、多角的に判断する方がより公平な評価ができるでしょう。たとえば、学習途中の理解確認と学習促進を目的とする形成的評価や、コース目標の達成度を総合的に判定する総括的評価など、複数の評価法を取り入れると効果的です。また、作文や口頭発表は、予め学習者に評価基準を知らせておいて、評価項目と尺度を示すルーブリックを使って評価をすることもできます。さらに、出席、クラス参加、課題提出など、学習への取り組みや努力も評価に取り入れ、多角的な視点から総合的にコース成績を出すのがよいでしょう。

　以下、一例として、評価基準の一例を紹介します。以下の例では、満点を100％とし、各評価項目の割合の目安を示しています。学習者の資質や授業形態（対面かオンラインか、同期か非同期か）なども考慮して、ご自分のコースに合った評価項目と比重を設定してください。

❶ 出席・クラス参加　5％

　「クラス参加」は、授業への取り組み、ディスカッションでの活発な発言、グループ・ワークへの貢献度、学習意欲や努力などを教員が総合的に判断します。

❷ 課題提出　5％

　「読む前に考えてみよう」「読んで理解しよう」「文法表現を学ぼう」「考えをまとめ、書いてみよう」の中で、授業外でできる作業は宿題とし、期日までに提出させます。未完成だったり、間違いの多すぎる提出物は再提出とします。逆に、自分で採点して間違いから学ぼうとしていたり、自分なりに表現を工夫している提出物には加点します。

❸ クイズ　15％

　「読み物」ごとに、漢字・語彙クイズ、音読クイズ、読解クイズ、文法表現クイズを行います。漢字・語彙クイズでは、「漢字と語彙を覚えよう」シートで各課の20の学習語（単語リストで＊印のついた語）の意味、読み、漢字の書きが問われます《⇨ Web サイト参照》。音読クイズでは、学習者が「読み物」の一部を音読したものを、ルーブリック《⇨ Web サイト参照》

を使って評価します。読解クイズでは、正誤問題や選択問題などで「読み物」の内容が理解できているかどうかを確認します。文法表現クイズは、「文法表現を学ぼう」から出題します。クイズを行う目的は、学習者に継続的に勉強させることにあるため、クイズそのものは短時間でできる簡単なものでいいでしょう。クイズは授業内で行うこともできますし、授業外の決まった時間にオンライン上などで受けさせることも可能です。

❹ 作文　20%

「考えをまとめ、書いてみよう」で「読み物」ごとに意見文を書かせ、評価表《⇨ Web サイト参照》を使って評価します。意見文を書くときは、「読み物」から学んだ語や表現だけでなく、巻末の「表現を使おう」にある表現も参照させます。意見文は2回提出させます。第1稿には教員が内容と表現に関するフィードバックを与え、評価表を使って点数化します。第1稿は口頭発表の資料とさせます。発表が終わったら、クラスメートからのフィードバックを参考にして第1稿を修正させ、最終ドラフトをオンライン上などで共有させます。

❺ 口頭発表　15%

意見文に書いたことをクラスで発表します。書くときと話すときの言葉づかいの違いや、発表ならではの効果的な情報の使い方に注目させます。発表を聞く側の学習者には、ピア・フィードバック表《⇨ Web サイト参照》にコメントや質問を書かせ、発表者に渡します。口頭発表は、学習者数が少ない場合はクラス全体で行うことができますが、学習者数が多い場合は、いくつかのグループに分けて同時進行させることもできます。発表に十分な授業時間が取れない場合は、オンライン上にビデオ（または音声）をアップロードさせ、非同期にフィードバックするという方法もあります。

❻ プロジェクト　10%

「発展させよう」で紹介されている課題を参考に、学習者主導（グループまたは個人）で行うプロジェクトを1つ企画・進行させ、学期末に成果を共有します。授業内で発表してもいいですし、オンライン上などで共有することもできます。提出日直前にあわてるということがないように、定期的に途中経過を報告させたり、小さな課題を与えたりして、着実に進めさせる方法を考えるとよいでしょう。

❼ 中間試験と期末試験　30%

中間試験（授業内）で2課分、期末試験（試験期間中）で3課分を扱います。

第 1 課

CHAPTER.1

言葉に敏感になろう

読み物
大野晋「意味の違い目を見る」
『日本語練習帳』岩波書店1999

1. 「思う」と「考える」は意味がどう違うか、ペアで話し合ってみよう。

2. 適切な言葉を選びなさい。選ばなかった方がなぜいけないのか、どちらでもいい場合は意味がどう違うかを考えてみよう。

   ❶ 二つの言葉の意味がどう違うかを ［a. 考えて　b. 思って］みよう。
   ❷ 来年、留学しようと ［a. 思っている　b. 考えている］。
   ❸ 今日のお昼は絶対にカレーを食べようと ［a. 思う　b. 考える］。
   ❹ 今晩の夕食のメニューを ［a. 思っている　b. 考えている］。
   ❺ 山田さんは弟 ［a. 思い　b. 考え］のお兄さんだ。
   ❻ 金メダルをとることができ、うれしく ［a. 思います　b. 考えます］。
   ❼ この問題をずっと ［a. 思っている　b. 考えている］が、いい答えが出て来ない。

3. 次の言葉はどんな意味か考えてみよう。さらに、「思う」を「考え」に、「考え」を「思う」に置き換えることができるか考えてみよう。

   ❶ 今日は火曜日か！月曜日だと思いこんでいた。（考えこんで？）
   ❷ 「尊敬する人は誰か」と聞かれて、考えこんでしまった。（思いこんで？）
   ❸ その人の名前を思い出せないでいたが、急に思い出した。（考え出した？）
   ❹ 新しいことを考え出す力を育てることが大切だ。（思い出す？）
   ❺ いじわるなあいつに思い知らせてやる。（考え知らせて？）
   ❻ あいつをなぐってやろうと思ったが、思いとどまった。（考えとどまった？）
   ❼ 何もいいアイディアが思い浮かばない。（考え浮かばない？）

4. ２と３の例から「思う」と「考える」の意味の違いをもう一度考えてみよう。

思う	考える

意味の違い目を見る

大野晋『日本語練習帳』岩波書店 1999

1　　日本語がよく読めるように、よく書けるようになりたいとすれば、最初にどんなことに気持を向けるといいか。

　　文章は一つ一つの単語で成り立っています。文章はほぐしていくと、結局は単語に達します。単語は建築ならば煉瓦に喩えられるでしょう。煉瓦はその一

5 一つが同じ形に作られていて、適切に配置されます。煉瓦ならば形が均一ですが、文章を組み立てる煉瓦である単語は一つ一つ異なっていて、文章の中でお互いに微妙に応じあいます。だから、まず単語の形と意味に敏感になりましょう。

練習①

10　　「思う」と「考える」という似た意味の言葉があります。「行くべきだと思う」「行くべきだと考える」のように使います。しかし場合によっては、どちらを使ってもいいというわけにはいきません。例えば、

　　今夜のごはんの献立を ——

という場合には、「献立を考える」が普通で、「献立を思う」とはいいま

15 せん。

　　これにならって、

　a　—— を思う（または、—— に思う）

　b　—— を考える

と区別して使うのが普通な a と b とを、それぞれ三つずつ書いて下さい。

20 　　　　　　　　　　　　　　　　　　　　　　　　　　　　　—— 問 1

　　次に、「思う」と「考える」はどう違うのか、書いて下さい。

　　　　　　　　　　　　　　　　　　　　　　　　　　　　　—— 問 2

　　「考える」とは理性的な働きで、「思う」とは感情的なものだとみる人もあるでしょう。しかし「入学試験を受けようと思った」という場合には、感情的と

25　はいえないでしょう。

　　　ａとｂの答えの一例。

　　　ａ　故郷を思う。はるかなベネチアの都を思う。不満に思う。

　　　ｂ　問題を考える。万が一の場合を考える。段取りを考える。

　　この場合、どうして「思う」
30　あるいは「考える」の片方しか
　　使えないのか。上の甲乙の図を
　　見て下さい。

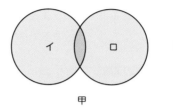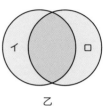

甲　　　　　　　　乙

言葉の意味の重なり

　　まず、上の図のまん中の重
なっている部分、これは二つの言葉の意味の重なるところ、二つの言葉のどち
35　らを使ってもよいところです。「私はこうしようと思った」「こうしようと考え
た」などという場合は、だいたいどちらを使ってもいい。しかし、「百万円も
使ってしまった」と「百万円も費やしてしまった」とは重なっていても、「使
う」と「費やす」では重なりが小さく、図の甲に当たる。「思う」「考える」の
場合には、重なりが大きく、図の乙に当たる。図のイ、ロという重ならない部
40　分は小さい。しかしイとロとは交換するわけにいきません。このようにイとロ
とが、小さい場合と大きい場合とがあります。

　　これから、いくつかの問題を取り上げますが、乙の図のように単語によって
は、重なっている部分が大きくて、イとロが小さいものもある。①その微妙な
ところを、言葉のニュアンスといっています。言葉の使い方がいいとか、言葉
45　が鋭く読めるとかいうことは、このイとロとを明らかに意識して区別し、使い
分けられるかどうかにかかっています。

　　では、「思う」と「考える」の違う部分は何なのかを見るために、もう一つ
問題を出します。

　　練習②
50　次の言葉の意味の違いをそれぞれ書いて下さい。
　　「思いこむ」と「考えこむ」　　　　　　　　　　　　　　──問3
　　「思い出す」と「考え出す」　　　　　　　　　　　　　　──問4

　「思いこむ」とは、一つの考えを心にもったときに、それ一つを固く信じて他の考えをもてないこと。「考えこむ」とは問題に関わって、あれこれとしきりに考えをめぐらして止まらないこと。

　「思い出す」は、一つの記憶を心の中によみがえらせること。「考え出す」は、あれこれ工夫して新しい考えを生むことです。もっとも「出す」には「始める」という意味もありますから、「思い出す」「考え出す」は「（心配だと）思い始める」「（どっちがいいか）考え始める」という意味にもなります。

　そこで、「思う」と「考える」の違いに戻りましょう。次の言葉の「思い」を「考え」に置き換えることができるかどうか。

　　　思い知らせる
　　　思いとどまる
　　　思い浮かべる
　　　思いおこす

　この「思い」を「考え」に置き換えることはできません。なぜできないか。

　「思い知らせる」とは、自分の心の中にある一つの気持、恨みとか悪い感情を相手に分からせることです。長い間、自分の心の中に抱いている恨みを相手に知らせるのが「思い知らせる」。

　「思いとどまる」とは、自分の胸の中にあって突っ走ろうとする一つのことを抑えること。

　「思い浮かべる」「思いおこす」の「思い」も同じことです。

　つまり「思い」とは、胸の中にある一つのことをいいます。これに対して「考える」とは、あれかこれか、ああするか、こうするかと、いくつかの材料を心の中で比べたり、組み立てたりすることです。

　つまり、「思う」とは、一つのイメージが心の中にできあがっていて、②それ一つが変わらずにあること。胸の中の二つあるいは三つを比較して、これかあれか、こうしてああしてと選択し構成するのが「考える」。

　③この違いは昔からあったのです。「考える」という言葉を古くさかのぼると、罪人を刑罰に処するときに、「……に勘ふ」と言いました。「考える」の一番古い例を『日本書紀』に求めると、一つは「刑罰を決めること」です。もとの形「かむがへる」の、「か」とは、事とか所とかいうこと、「むがへる」の古形は「むかへる」で、「向き合わせる」こと。犯罪者の実際にやった悪事が、刑罰の

条文のどれに当たるかと事実と条文を突き合わせて決定すること、それが「かむがへる」でした。また、戸籍帳の記載と実際の田畑の配置を突き合わせて調べることも「校ふ」といいました。つまり「事柄を突き合わせてしらべる」のが「考える」の最古の使い方です。現在も、「企画を考える」とか「献立を考える」とか、あれこれ組み合わせるときに「考える」という。④<u>そこ</u>には「思う」は使いません。「明日の試験を思う」といったら、明日の試験のこと一つが心配で気にかかることになります。

　古い文学の中に出てくる「思ふ」は、「胸の中に思っている」と置き換えるといい例が多い。言葉には出せずに、好きな人を恋する。それを「思ふ」という。胸の中には一人の人の姿しか見えない。それをじっと抱いている。だから「思ひ人」とは、それを告白できないで恋している相手をいいます。「思う」を「感情的だ」ととらえた人は、⑤<u>その点</u>を強く感じたのです。「思う」は胸の中の一つのイメージをじっと大事にしていることですから、「試験を受けようと思う」というときには、そのこと一つを心の中で決めていることです。

　それに対して、「考える」にはあれかこれかという比較の観念、あるいは組み立て、構成の気持が含まれている。⑥<u>そのこと</u>を書けば、合格です。

　お茶を一杯
　（外国語の話と聞いただけで、それはごめんだという方は、ここは飛ばしてさしつかえありません。先へお進み下さい）
　デカルトの哲学の基本原理として有名な、「コギト・エルゴ・スム」（cogito ergo sum）というラテン語の言葉があります。現在、英和辞典にも項目として立てられていて、昔ながらに「我思う、ゆえに我あり」と訳してある。co- は「共に」の意、-gito は agitare「動かす」から来た言葉で、合わせて「事物を頭の中で一つにまとめる」とされています。もし cogito がその意味なら、それを「我思う」と訳すのは不的確で、むしろ「我考う」とあるべきでしょう。最近のデカルト研究書では、「私は考える」と訳しているものが多いようです。

読んで理解しよう

問1　本文の内容に合うように［　　］から適切な言葉を選びなさい。

❶　筆者は単語は建築の煉瓦<ruby>煉<rt>れん</rt></ruby><ruby>瓦<rt>が</rt></ruby>のようなものだといっているが、それは単語が煉瓦<ruby>煉<rt>れん</rt></ruby><ruby>瓦<rt>が</rt></ruby>のように［a. 適切に配置されている　b. 形が同じだ　c. 形が異なっている］からだ。

❷　「今夜のごはんのメニューを考える」という表現で、「考える」を「思う」に置き換える［a. ことができる　b. ことはできない　c. ことがある］。

❸　本文の図で、まん中の重なっている部分は、二つの言葉の意味が［a. 異なる　b. 交換できない　c. 似ている］部分を示す。

❹　本文の図で、イとロの重なっていない部分は、二つの言葉の意味が［a. 異なる　b. 交換できる　c. 似ている］部分である。

❺　言葉が鋭く読めるとは、言葉の意味の［a. 重なりが小さい　b. 重なりが大きい　c. 重ならない］部分を区別し、使い分けられるかどうかにかかっている。

問2　次の文が本文の内容に合っていれば○、合っていなければ×を入れなさい。×を入れたら、どこが違うのか、本文のどこを見れば分かるのかも考えよう。

❶　筆者は「考える」は理性的な働きで、「思う」は感情的な働きを表わすと説明している。（　　）

❷　「思いこむ」とは、一つの考えを固く信じて、他の考えをもてないことを指<ruby>指<rt>さ</rt></ruby>す。（　　）

❸　「考え出す」とは、一つの記憶を心の中によみがえらせることである。（　　）

❹　「思い出す」には「思い始める」という意味もある。（　　）

❺　「考える」は昔の「勘ふ」から来ており、『日本書紀』では犯罪者をどの刑罰に処するかを決めることという意味で使われていた。<ruby>勘<rt>かむが</rt></ruby>（　　）

❻　「勘ふ」のもとの形の「かむがへる」の「か」は「向き合わせる」という意味であった。<ruby>勘<rt>かむが</rt></ruby>（　　）

❼　「勘ふ」の他に「校ふ」という言葉もあり、それは「田畑の戸籍帳の記載と実際の配置を突き合わせて調べる」という意味であった。<ruby>勘<rt>かむが</rt></ruby><ruby>校<rt>かむが</rt></ruby>（　　）

❽　「明日の試験を思う」で「思う」を「考える」に置き換えても、意味はそれほど変わらない。（　　）

問3　次の質問に簡潔に答えなさい。クラスメートと話し合ってもかまいません。

❶　「思い知らせる」「思いとどまる」「思い浮かべる」「思いおこす」という言葉の
　　　中で「思い」とは何を指すか。

❷　上の言葉で「思い」を「考える」に置き換えることができるか。それはなぜか。

❸　上の例から「思う」と「考える」の違いを大野（筆者）はどう説明しているか。
　　　a.「思う」とは＿＿＿＿＿＿＿＿＿＿＿＿＿＿＿＿＿＿＿＿＿＿＿＿。
　　　b.「考える」とは＿＿＿＿＿＿＿＿＿＿＿＿＿＿＿＿＿＿＿＿＿＿＿。

❹　上の質問の答えからすると、次の二つの文は意味がどう違うか。
　　　a. 大野さんのことを思う。
　　　b. 大野さんのことを考える。

問4　文章の中で下線の指示代名詞が何を指しているか簡潔に答えなさい。

❶　その微妙なところ：＿＿＿＿＿＿＿＿＿＿＿＿＿＿＿＿＿＿＿＿＿

❷　それ：＿＿＿＿＿＿＿＿＿＿＿＿＿＿＿＿＿＿＿＿＿＿＿＿＿＿＿＿＿

❸　この違い：＿＿＿＿＿＿＿＿＿＿＿＿＿＿＿＿＿＿＿＿＿＿＿＿＿＿＿

❹　そこ：＿＿＿＿＿＿＿＿＿＿＿＿＿＿＿＿＿＿＿＿＿＿＿＿＿＿＿＿＿

❺　その点：＿＿＿＿＿＿＿＿＿＿＿＿＿＿＿＿＿＿＿＿＿＿＿＿＿＿＿＿

❻　そのこと：＿＿＿＿＿＿＿＿＿＿＿＿＿＿＿＿＿＿＿＿＿＿＿＿＿＿＿

💬 クラスメートと話し合おう

1.　「『考える』は理性的で、『思う』は感情的な働きだ」という仮説はどこがいけな
　　　いのか。

2.　「お茶を一杯」の文章の中で、デカルトの「コギト・エルゴ・スム」の訳が「我
　　　思う、ゆえに我あり」では、何がいけないのか。

3.　「思う」と「考える」のように、意味がよく似ているが置き換えることのできな
　　　い言葉の例を見つけ、どう違うか考えてみよう。

文法表現を学ぼう

ステップ❶

問1　（　　　　）に適切な助詞を入れなさい。

❶　よく読めるようになりたいとすれ（①　　　　）、どんなこと（②　　　　）気持ちを向けたらいいか。

❷　文章は単語（①　　　　）成り立っている。文章の中（②　　　　）単語がどのように使われている（③　　　　）に敏感になろう。

❸　「思う」（①　　　　）（②　　　　）、心の中に一つのイメージしかないことをいう。

❹　日本語（①　　　　）試験のこと（②　　　　）気にかかる。

❺　言葉（①　　　　）出せずに、好きな人（②　　　　）恋する。

問2　空欄に入る言葉を下から選び、文章を完成させなさい。

日本語がよく読めるかは、言葉の微妙な違いに敏感かどうかに①＿＿＿＿＿＿＿＿＿＿。例えば、「思う」と「考える」の違いを考えてみよう。「思う」とは感情的な働きの②＿＿＿＿＿＿＿＿＿で、「考える」とは理性的な働きだと思う人がいるかもしれない。③＿＿＿＿＿＿＿＿、「明日は雨が降ると思う」は感情的とは言えないだろう。「思い込む」「思い出す」「思い知らせる」の「思い」から分かるように、「思う」は一つのイメージが心の中にできあがっていて、変わら④＿＿＿＿＿＿＿にあることをいう。⑤＿＿＿＿＿＿＿＿、「考える」は、「考えこむ」「考え出す」の「考え」のように、いろいろなことを組み立てたり、あれこれ工夫して新しいことを生み出すときに使う。⑥＿＿＿＿＿＿＿＿、「思う」は心の中で一つのイメージを持っていること、「考える」はいくつかの材料を比較したり、構成したりする意味が含まれているのだ。

こと　　ず　　かかっている　　しかし　　つまり　　これに対して

9

⅄ 文法 ⅄

関係節（relative clause）では、主語や目的語を表わす「が」が「の」になることがある。意味は変わらない。下の例を見てみよう。

㊀ 上の図の［まん中<u>の</u>重なっている］部分を見てみよう。
　　　　　　　　　　＝<u>**が**</u>

㊁ ［Cogito ergo sum の訳<u>の</u>間違っている］研究書がたくさんある。
　　　　　　　　　　　　　　　＝<u>**が**</u>

【練習】 次の文の下線部の「の」を「が」に置き換えることができるなら「が」、できなければ×を入れなさい。×を入れたら、なぜできないかも考えてみよう。

❶ 「思う」と「考える」には、意味<u>の</u>似ている部分と異なる部分がある。
　　　　　　　　　　　　　　（　　　　）

❷ 日本語<u>の</u>①できる人は、ことば<u>の</u>②微妙な意味<u>の</u>③違いをうまく使い分ける。
　　　　　（①　　　）　　　　　（②　　　）　（③　　　）

❸ 「夕食<u>の</u>①献立を考える」では、どうして「思う」に置き換えられない<u>の</u>②か。
　　　（①　　　）　　　　　　　　　　　　　　　　　　（②　　　）

❹ 言葉によっては、意味<u>の</u>①重なり<u>の</u>②小さいものと大きいものがある。
　　　　　　　　　　（①　　　）（②　　　）

ⅴ 表現 ⅴ

❶ Aとは、B（の）ことだ／ことをいう　　A means B, A is defined as B
　㊀ 「思い出す」<u>とは</u>、一つの記憶を心の中によみがえらせる<u>ことをいう</u>。
　㊁ 「考え出す」<u>とは</u>、あれこれ工夫して新しい考えを生む<u>ことである</u>。

❷ Aは、Bか（どうか）にかかっている　　A depends on (whether or not) B
　㊂ 日本語がよく読める<u>か</u>は、ことばの微妙な違いに敏感<u>か（どうか）にか</u>
　　<u>かっている</u>。

❸ Aは～（の）に対し（て）、B　　A whereas B, A in contrast with B
　㊃ 「思う」は感情的な働きをいう<u>のに対し</u>、「考える」は理性的な働きをいう。
　㊄ 「思う」は心の中で一つのイメージができあがっている<u>のに対し</u>、「考え
　　る」はいくつかの材料を比較する気持ちが含まれている。

✎ 考えをまとめ、書いてみよう

1. 「分かる」と「知る」という言葉がある。次の文で［　］から適切だと思う方を選びなさい。選ばなかった方がなぜいけないのか、どちらでもいい場合は意味がどう違うかを考えてみよう。

❶ 先　生：いいですか。①［a. 分からない　b. 知らない］人に絶対について行ってはいけません。②［a. 分かり　b. 知り］ましたか。

　　子ども：はーい！③［a. 分かり　b. 知り］ました。

❷ 大学生の考えを［a. 分かる　b. 知る］ために、アンケート調査を行なった。

❸ 田中さんは人の気持ちが［a. 分かる　b. 知る］人だ。

❹ そんな簡単なこと、誰でも［a. 分かっている　b. 知っている］よ。

❺ 私は7才のときにサンタクロースが実在しないことを［a. 分かった　b. 知った］。

❻ そうか、［a. 分かった　b. 知った］！お父さんがサンタクロースだったんだ！

❼ 田　中：この漢字の意味、①［a. 分かる　b. 知る　c. 知っている］？

　　スミス：いや、②［a. 分からない　b. 知らない　c. 知っていない］。

❽ 山田：ここ、ぼやけてよく見えないんだけど、何て書いてあるか①［a. 分かる　b. 知る］？

　　リー：うん、②［a. 分かる　b. 知る］よ。

❾ 考えれば考えるほど［a. 分からなく　b. 知らなく］なってしまう。

❿ スミス：あら、高田さんじゃないの。サングラスをかけているので、①［a. 分からなかった　b. 知らなかった　c. 知っていなかった］。

　　高　田：ふふふ、私が新しいサングラスを買ったって［a. 分からなかった　b. 知らなかった　c. 知っていなかった］でしょう？

2. 1のデータを見て、「分かる」と「知る」の使い方を整理してみよう。

❶ 「分かる」でも「知る」でも使える文はどれか。その場合、意味がどう違うか。

❷ 「分かる」は使えるが、「知る」は使えない文はどれか。

❸ 「知る」は使えるが、「分かる」は使えない文はどれか。

❹ ❷と❸を比べて、一般化できることはあるか。

❺ 「知る」と「知っている」に関して気づいたことはあるか。

❻ 「知らない」と「知っていない」に関して気づいたことはあるか。

第1課　言葉に敏感になろう

❼　「分かる」と「知る」はどう違うか。

3.　データをもとに「分かる」と「知る」について考えたことを文章にしてみよう。
本文で学んだ表現や「表現を使おう」《⇨巻末》に出てくる表現をできるだけ多く
使ってみよう。

発表しよう

本文で学んだ表現、「表現を使おう」《⇨巻末》に出てくる表現を使って、文章に
したことをクラスで発表してみよう。

発展させよう

1.　作文などで先生から何度も直される表現にどのようなものがあるか。どのよう
に直されるか、それはなぜかを考えてみよう。
2.　表現ノートを作り、意味は何となく分かるが、使い方や違いがよく分からない
言葉や表現を書きとめておこう。そして、その表現の使われている文に出合っ
たら書き足していって、どう違うか比べてみよう。話すときや書くときに使っ
てみて、先生や日本人の友人に適切な使い方か聞いてみよう。

? nihon go

第 2 課

CHAPTER.2

日本語らしい表現とは?

読み物

金田一春彦「他人への考慮」
『日本語　新版(下)』岩波書店1988

読む前に考えてみよう

1. **次のようなとき何と言うか、日本語、英語、自分の言語で比べてみよう。**
   ❶ 勉強が大変そうなルームメートにお茶を入れて、差し出すとき
   ❷ 人のコップを洗っているときに、あやまって落として割ってしまったとき
   ❸ アルバイト先でお客さんに「注文したコーヒーはまだですか」と言われたとき

2. **「はい」と「いいえ」を使って答えよう。**
   ❶ 「明日、パーティーに行きますか。」と聞かれて
   　(1) 行くとき：
   　(2) 行かないとき：
   ❷ 「明日、パーティーに行きませんか。」と誘われて
   　(1) 行くとき：
   　(2) 行かないとき：
   ❸ 「明日、パーティーに行かないんですか。」と聞かれて
   　(1) 行くとき：
   　(2) 行かないとき：

3. **日本語として自然だと思う表現を選びなさい。その理由も考えよう。**
   ❶ ご飯 [a. ができた　b. を作ってあげた] よ！早くいらっしゃい。
   ❷ すみません、お借りしたペン [a. が失くなって　b. を失くして] しまいました。
   ❸ 応援、ありがとうございます。[a. 私がキャプテンとしてチームをうまくまとめた　b. チームのみんなで力を合わせた] おかげで勝つことができました。
   ❹ 知人：すみません。ペン、お持ちですか。
   　私：はい、[a. 必要ですか　b. どうぞ]。
   ❺ 友人：明日、映画に行かない？
   　私：[a. 明日はちょっと忙しくて　b. いや、行かない]。

4. **クラスメートと話し合ってみよう。**
   ❶ 「いいえ」と言うのが難しいと思ったことがあるか。あれば、どんなときか。
   ❷ 「はい」と「いいえ」の使い方で迷ったことはあるか。あれば、どんなときか。

14

他人への考慮

金田一春彦『日本語　新版 (下)』岩波書店 1988

1　「お茶が入りました」

　　日本の主婦が、書斎で仕事をしている亭主に呼びかける。

　　　お茶が入りました

　　平凡な言葉であるが、何と美しい言葉であるか。お茶は自然に入るものでは

5　ない。亭主のためにお湯を沸かし、土瓶に茶葉を入れて湯を注ぎ、茶碗に注ぐ。

　そこにちょっとした菓子をそえてから呼びかけるのである。どこかの国ならば、

　　　あなたのために私がお茶を入れたよ

　と言いそうなところである。①そう言っては自分の行為を恩に着せる言い方に

　なって、相手に不快の思いをさせる。そこでお茶が入ったのが自然現象のよう

10　に —— 雨が降って来たとか、小鳥が庭に来た、とかいうのと同じように述べる

　のである。

　　　　お風呂がわきました　　　　御飯が出来ました

　　その他すべて、これと同じようなやさしい表現をする。

　　　　これと反対のこと —— 日本人がアメリカへ行ってお手伝いさんを雇う。その

15　　人間が台所でコーヒー茶碗を割った。何と言うか。

　　　お茶碗が割れたよ　　　　　　　　　　　　　　　　　　（＊一部改編）

　と言うのだそうだ。「お茶碗を割った」とは言わない。たしかにお茶碗を割る

　というのは、力任せに壁にぶつけて粉々にする。これならば「お茶碗を割っ

　た」だ。茶碗の方で手から滑り落ちて、勝手に割れたのだから、「お茶碗が割

20　れました」でいいのだという了見である。

　　日本人はちがう。茶碗は手から滑り落ちたのではあるが、それは自分の不注

　意からである。その結果、壁に叩きつけたのと同じ結果になった。そこで自分

　の責任にして、

　　　お茶碗を割りました

25　と表現するのである。自分の手柄は極力隠そうとする、自分の落度ははっきり

　認めようとする。日本人の心遣いが②こういう表現に出ていると思う。

日本人は人の話を聞く場合、話す人の気持を理解しようしようと思って聞いている。と同時に、日本人は話す側の人も、相手の気持を考え考えしながら話しているということになる。

お客が「灰皿ありますか？」と尋ねる。野崎昭弘によると、ユダヤ人だったら、

「いいえ、ありません。お要りようですか？」

と答えるそうである。日本人なら、そんな返事はしない。

「すみません、すぐお持ちします」

「あの、私はタバコ吸わないもんですから、ついしまいっぱなしで……」

「いやあねえ、あの子がきのうもってっちゃって、それっきり返してこないんですよ。私はいつもやかましく申しているんですが、……」

（『言語』昭 60・12）

「はい」と「いいえ」

日本人がいかに相手の気持を考えてものを言っているか。典型的な例として、ハイとイイエの使い分けがある。

英語やドイツ語・フランス語のイエスとノーの使い分けは単純である。自分の答えが、I do のような not を含まない形ならば、質問が「行くか」でも「行かないのか」でも同じことである。もっとも筆者などにはそれが大変ではあるが、とにかく規則は簡単である。

日本では、答えに、

「はい、行きます」「いいえ、行きません」

ということもあるが、

「いいえ、行きます」「はい、行きません」

ということもある。

これは相手の気持を察して答えているので、

「行きますか」「行くんですか」「行きませんか」

のような質問は、相手は③こっちが行くと思っている、あるいは行かせたいと思っていると解するから、行く場合が「はい」になり、行かない場合が「いいえ」となる。ところが質問が「行かないんですか」ならば、相手はこっちが行かないと予想しているなと解するので、「いいえ、行きます」「はい、行きませ

ん」となる。

　ここまではまだいいとして、形だけから見るとさらに複雑になる。金田一秀
穂が言っているが「行きませんか」と「わかりませんか」とは形が同じである
が、答え方は次のように反対になるというのである（『言語の世界』昭60・
12）。

❶　「行きませんか？」──「はい、行きます」または「いいえ、行きません」

❷　「わかりませんか？」── 「いいえ、わかります」または「はい、わか
　　りません」

④これは二つの動詞の間にちがいがあって、そのために❶は誘い、❷は単な
る否定的疑問になっているからである。

⑤このことから注意すべきは、日本人はハイは言いやすいが、イイエは言い
にくいことである。イイエは相手の考えに対して、賛成できないことを意味す
るからである。小泉八雲は『乙吉のだるま』という短篇で、下宿していた焼津
の乙吉という魚屋の主人は、自分がどんなことを聞いても、一応イエスと応答
すると書いているが、日本人の⑥この習慣が珍しかったのであろう。

　外国人の習慣を見ると、韓国人・中国人はハイとイイエは日本人と同じよう
な使い方をするという。ヨーロッパでは大体、アメリカと同じようであろう。
ただしロシア人は日本人と同じらしいと書いた本を見た。

問1　本文の内容に合うように ［　　　］ から適切な言葉を選びなさい。

❶　日本の主婦は茶を夫に差し出すとき、「お茶が ［a. 入れ　b. 入り　c. 注ぎ］ ました」と言う。

❷　筆者は ❶ のような表現を ［a. やさしい　b. 自然な　c. 恩に着せる］ 表現だと言っている。

❸　筆者は、台所で茶碗が割れたときアメリカ人なら「①［a. お茶碗が割れた　b. お茶碗を割った]」と言うが、日本人なら「②［a. お茶碗が割れた　b. お茶碗を割った]」と言うと述べている。

❹　筆者の分析によると、「お茶碗が割れました」という表現は茶碗が割れたのは自分の ［a. 責任ではない　b. 責任だ　c. 不注意からだ］ という考え方に基づいている。

❺　筆者は、日本人の表現には、自分の①［a. 手柄　b. 落度］ は隠そうとし、自分の②［a. 手柄　b. 落度］ ははっきり認めようとする心遣いが出ていると述べている。

❻　「灰皿ありますか」と聞かれて、日本人が「すぐお持ちします」と答えるのは ［a. 自分の落度を隠したい　b. 相手の質問を文字どおり理解する　c. 相手が何をほしいかを察する］ からである。

問2　本文の内容に合うように、空欄に適切なことばを入れなさい。

英語と日本語の「はい」と「いいえ」の使い方は違う。英語では、相手の質問が何であっても、自分の答えに NOT を①＿＿＿＿＿＿＿＿＿＿なら YES、含むなら NO である。日本語では②＿＿＿＿＿＿＿＿＿＿によって「はい」と「いいえ」の使い方が違う。質問が「行きますか」なら「はい、行きます」「いいえ、行きません」となるが、「行かないんですか」という否定疑問なら「③＿＿＿＿＿、行きません」「④＿＿＿＿＿、行きます」となる。これは、日本語の「はい」と「いいえ」の使い方が自分の答えではなく、⑤＿＿＿＿＿＿＿＿＿＿が正しいか、正しくないかで決まるからである。

問3　次の文が本文の内容に合っていれば○、合っていなければ×を入れなさい。×を入れたら、どこが違うのか、本文のどこを見れば分かるのかも考えよう。

❶　「映画に行きませんか」と誘われて、行きたいときは「いいえ」と答える。（　　　）

❷　「この映画のよさが分かりませんか」と聞かれて、分かるときは「いいえ」と答える。（　　　）

❸　同じ「～ませんか」という疑問文でも動詞によって、「はい」と「いいえ」の答え方が違う。（　　　）

❹　日本人にとって「はい」は「いいえ」より言いにくい。（　　　）

❺　小泉八雲は、どんなことでも一応「はい」と答える日本人の習慣が珍しいと感じていたようだ。（　　　）

❻　中国人とロシア人は、日本人とは違う「はい」と「いいえ」の使い方をする。（　　　）

問4　次の質問に簡潔に答えなさい。クラスメートと話し合ってもかまいません。

❶　金田一（筆者）は「お茶が入りました」「お風呂がわきました」「御飯が出来ました」という表現を「やさしい表現」だと言っているが、それはなぜか。

❷　「あなたのために私がお茶を入れたよ」「お茶碗が割れました」という表現のどこがいけないのか。金田一の見解をまとめなさい。

❸　日本人は人と話すとき、どのようなことに気をつけているか。金田一の考えを述べなさい。

❹　金田一は、日本人にとってハイは言いやすいが、イイエは言いにくいと述べているが、その理由は何か。

問5　文章の中で下線の指示代名詞が何を指しているか簡潔に答えなさい。

❶　そう：＿＿＿＿＿＿＿＿＿＿＿＿＿＿＿＿＿＿＿＿＿＿＿＿＿＿＿＿＿＿

❷　こういう表現：＿＿＿＿＿＿＿＿＿＿＿＿＿＿＿＿＿＿＿＿＿＿＿＿＿＿

❸　こっち：＿＿＿＿＿＿＿＿＿＿＿＿＿＿＿＿＿＿＿＿＿＿＿＿＿＿＿＿＿＿

❹　これ：＿＿＿＿＿＿＿＿＿＿＿＿＿＿＿＿＿＿＿＿＿＿＿＿＿＿＿＿＿＿＿

❺　このこと：＿＿＿＿＿＿＿＿＿＿＿＿＿＿＿＿＿＿＿＿＿＿＿＿＿＿＿＿＿

❻　この習慣：＿＿＿＿＿＿＿＿＿＿＿＿＿＿＿＿＿＿＿＿＿＿＿＿＿＿＿＿＿

💬 クラスメートと話し合おう

1. 金田一は、日本人は自分の手柄は隠そうとし、自分の落度ははっきり認めようとする心遣いの表れた表現をすると述べているが、それについてどう考えるか。
2. 日本人は他の言語を話す人とは違う表現をするという金田一の見解についてはどう考えるか。
3. 相手の気持ちを考えることと「イイエ」が言いにくいことはどう関係するか。
4. この文章のように「ものの考え方や文化が言語表現に反映されている」という見方についてどう考えるか。「考え方や人の気持ちは個人的なもので、言語には関係ない」という見方と比較しながら話し合ってみよう。

🔗 文法表現を学ぼう

ステップ❶

問1　（　　　　）に適切な助詞を入れなさい。

❶　夫のためにお茶（①　　　　）入れた妻は「お茶（②　　　　）入りました」と呼びかける。何と美しい言葉だろう（③　　　　）。

❷　熱いお茶（①　　　　）茶碗（②　　　　）注ぎ、菓子をそえて、出す。

❸　自分の不注意（①　　　　）、茶碗が手（②　　　　）滑り落ちて、割れてしまった。

❹　「ペン、ありますか」（①　　　　）尋ねられたら、たいてい（②　　　　）人は「はい、どうぞ」と答えるだろう。

❺　「イイエ」が言いにくいのは、相手の考え（①　　　　）賛成できないことを意味する（②　　　　）である。

問2　空欄に入る言葉を下から選び、文章を完成させなさい。

金田一①＿＿＿＿＿＿＿＿＿、日本人は他人を考慮した言い方をするということである。確かに「お茶が入りました」という表現は、相手に恩を着せない言い方かもし

れない。②＿＿＿＿＿＿＿＿、自分の手柄を隠す表現は他の言語でも見られる。その例③＿＿＿＿＿＿＿＿、英語の "Tea is ready." という表現がある。どんな言語でも、人は相手の気持ちを考えて話す④＿＿＿＿＿＿＿＿。⑤＿＿＿＿＿＿＿＿言語の一部分だけを見て一般論を出すのは危険だと思う。

しかし　　このように　　として　　によると　　ものだ

ステップ❷

♪ 文法 ♪

1. **意味と形が似ている動詞の中には、目的語をとらないもの（自動詞）と目的語をとるもの（他動詞）がある。**

   例1　熱いお茶が入る（自動詞）　　　夫が熱いお茶を入れる（他動詞）

【練習1】空欄に適切な動詞を書きなさい。

お湯が①＿＿＿＿＿＿＿＿	お湯を沸かす
不注意で茶碗が割れる	不注意で茶碗を②＿＿＿＿＿＿＿＿
窓からボールが③＿＿＿＿＿＿＿＿	窓からボールを落とす
木に足がぶつかる	木に足を④＿＿＿＿＿＿＿＿
雨が⑤＿＿＿＿＿＿＿＿	雨を降らす
夕食ができる	父が夕食を⑥＿＿＿＿＿＿＿＿
いい作文が⑦＿＿＿＿＿＿＿＿	いい作文を書いた

2. **「使役」とは人に何かをさせることで、「～せる」「～させる」で表す。**

   例2　相手はこちらに行かせたいと思っていると解するから、行くなら「はい」、行かないなら「いいえ」となる。

行く　→　行かせる	食べる　→　食べさせる
する　→　させる	来る　→　来させる

【練習2】（　　）の動詞を使役形にして、文を完成させなさい。

❶　夫においしいお茶を（飲む）＿＿＿＿＿＿＿＿あげたい。

21

❷ 自分の行為を恩に着せる表現は相手に不快な思いを（する）＿＿＿＿＿＿＿＿＿。

❸ 「明日、うちに来ませんか」という誘いは、相手に（来る）＿＿＿＿＿＿＿＿たい
と思って発する疑問文である。

❹ 子どもが不注意で失敗したときは、自分の落度をはっきりと（認める）
＿＿＿＿＿＿＿べきだ。

♈ 表 現 ♈

❶ 何と／いかに 〜 か　　What/How adjective ~!

(例1)　何と美しい言葉だろうか。

(例2)　日本人がいかに相手の気持ちを考えてものを言っているか。

❷ 確かに 〜、が／しかし〜　　It is true that ..., but [main argument]

(例3)　確かに茶碗は手から滑り落ちたのではあるが、それは自分の不注意からで
ある。

❸ 〜の例として、〜がある　　An example of ... is [example]

(例4)　日本人がいかに相手の気持ちを考えてものを言っているかの例として、ハ
イとイイエの使い分けがある。

❹ 【事実】のは【理由】から／ため である　　The reason why [fact] is that
[reason]

(例5)　日本語でハイとイイエの使い方が複雑なのは、相手の気持ちを察して答え
ているからである。

✎ 考えをまとめ、書いてみよう

金田一は「他人への考慮」の中で、日本人は相手の気持ちを考えてものを言う
と述べている。その例として、自分の手柄は極力隠そうとする表現（例：お茶
が入りました）、自分の落度ははっきり認めようとする表現（例：お茶碗を割り
ました）、そして、日本語の「はい」と「いいえ」の使い方をあげている。この
ような金田一の見解を支持、または反論する文章を書いてみよう。

本文で学んだ表現、「表現を使おう」《⇨巻末》の「事実／意見を引用し支持する」「事実／意見を引用し反論する」に出ている表現をできるだけ多く使ってみよう。

発表しよう

「金田一の見方を支持する」あるいは「金田一の見方に反論する」と題して、クラスで発表してみよう。本文で学んだ表現や「表現を使おう」《⇨巻末》に出てくる表現をできるだけ多く使ってみよう。

発展させよう

1. 金田一は、自分の不注意でコーヒー茶碗を落として、それが割れてしまったとき、英語では「お茶碗を割った」という言い方はせず、「お茶碗が割れました」という言い方をすると述べている。実際にそうなのか、英語を話す複数の人に聞いてみよう。また、どのようなときに「I broke the cup」「The cup broke」という表現が使われるのかも聞いてみよう。

2. 金田一は、「はい」と「いいえ」の使い方について、韓国人、中国人、ロシア人は日本人と同じような使い方をし、ヨーロッパではアメリカ（英語）と同じだと述べている。実際にそうなのか、違う言語を話す人に聞いたり、調べたりしてみよう。

3. 日本語を勉強していて、「ああ、日本語ではこのように言うんだ」とか「ああ、日本人はこのような言い方をするんだ」など、興味深く感じた表現を一つ選び、なぜそのような表現をするのか、考えてみよう。

第 **3** 課

CHAPTER.3

ことばは文化を表す

読み物
鈴木孝夫「太陽と月」
『日本語と外国語』岩波書店1990

1. 次のものや概念を表すときに使われる色は何か。違う言語で調べてみよう。

	日本語	英語	＿＿＿＿語	＿＿＿＿語
りんご				
封筒 ふうとう				
信号				
若さ				
沈んだ気分 しず				

2. 次の色は何を象徴しているか。違う言語で調べてみよう。
しょうちょう

	日本語	英語	＿＿＿＿語	＿＿＿＿語
赤				
青				
緑				
白				
黒				

3. ペアで話し合ってみよう。

❶ 「青春」「青年」「青い山」などの表現で、「青」は何を象徴していると思うか。

❷ 「顔が青いよ」とか「あの人はまだ青い」という表現がある。この「青い」はどのような意味だと思うか。

❸ 英語で「青」は何を象徴しているか。音楽の "blues" や心の病気の "the blues" という表現で、「青」はどのような意味で使われているか。

❹ 英語で「緑」は何を象徴しているか。「緑」はどのような表現に使われるか。

❺ 自分の話す言語で色を使った表現にどのようなものがあるか探してみよう。その色がどのような意味を持つかも考えてみよう。

太陽と月

鈴木孝夫『日本語と外国語』岩波書店 1990

第**3**課 ことばは文化を表す

1 ## 赤い太陽、黄色い太陽

　早いもので、もう十数年も前のことになるが、私は米国イリノイ大学の言語学科で一年ほど、言語社会学を講義したことがある。毎朝、私が車で大学に行ってしまうと、家内は広い庭に草花を植えたり、地元の新聞を読んだり、好
5 きなレース編みをしたりで、結構楽しく時間を使っていた。

　ある日のこと大学から戻った私に突然、家内が、「英語で太陽の色は何色かしら」と言った。私が「そんなこと赤に決まっているじゃないか」と答えると、「そうでしょう、でもうまく合わないのよ」と、新聞のクロスワード・パズルを持って来た。

10 　太陽の色（The color of the sun）というヒントに従って赤（red）を入れると、文字欄が三つ余ってしまうというのだ。私は変だなあと言いながらも、思いつくままにいろいろな色彩名を入れてみた。すると黄（yellow）なら上下・左右ともピッタリすることが分かったのである。

　しかし太陽の色が黄色とは、どう考えても変だということで、さっそくアメ
15 リカ人の知人に電話をかけてみた。すると誰もが、黄色に決まっているじゃないか、どうしてそんな馬鹿なことを、わざわざ聞くのかといった調子なので、本当に驚いてしまった。

　日本人である私たち二人の心の中には、小さな子供の頃から《白地に赤く、日の丸染めて、ああ美しや、日本の旗は……》の「日の丸」の歌をはじめ、白
20 い御飯の真中に赤い梅干し一つの日の丸弁当、そして小さな子供たちの描く太陽の絵はみんな赤いクレヨンの丸だったことなどすべてが、太陽は赤いものという確信を育てていたのだ。それが黄色だなんて、それじゃ月じゃないか、というのが私たちの率直な反応だったのである。

仏語・独語と露語

25 　ところで、英語で太陽が黄色ならば、フランス語やドイツ語ではどうだろう

27

と、すぐ子供の絵本を開いたり、図鑑を出したりして調べてみると、ここでも太陽は黄色なのである。中には美しいレモン・イエローの太陽の横に、Le soleil est jaune.（太陽は黄色い）とか、Die Sonne ist gelb.（同上）とちゃんと書いてある絵本まで見つかった（口絵参照）。

なんとも嫌なことは、私がこの時までこれらの本を見たことがないわけではないということである。自分に問題意識がないときは、せっかくの貴重な情報が目や耳に入っても、素通りしてしまっているのだ。いつも思うことだが、人間の目や耳は、カメラやテープレコーダーとは違い、自分の持つ固有の文化で、与えられた生の情報の一部を消去したり、自分に都合のよいように曲げて解釈する強い傾向を持っているので、新しいことに、私たちはなかなか気付かない。古人のいう「見れども見えず、聞けども聞こえず」こそ、むしろ人間の正常なあり方だとさえ言えるのである。

さて①この事件をきっかけに、私は機会あるごとに、ヨーロッパの諸言語で、太陽は何色と考えられているかを調べてみた。その結果、これまでのところ、英語、フランス語、ドイツ語、イタリア語、スペイン語といった西ヨーロッパの言語圏では、太陽は一様に黄色いものとされていることが判明した。面白いことに、ロシア語は赤（красный）で、恐らくポーランド語も赤らしいから、東欧スラヴ語地域は日本語と同じく赤である可能性が高い。

ある宇宙物理学者の体験

この、英語では太陽が赤ではなく、黄色と考えられているという事実を、日本で知っている人は意外に少ないようである。それは私だけの調査や推測にもとづく結論ではない。太陽の研究を専門とされる宇宙物理学者の桜井邦朋教授が、その著書の中で、次のように述べておられることからも明らかである。

太陽の色といえば万国共通と、長い間私も考えていたが、実際、アメリカに住んで、その地の人々との話題の中から、太陽の色が、私が何の理由もなしに、ただ漠然と考えていた赤い色とちがうということを知った時には、いささかおどろかずにはいられなかった。

桜井邦朋『「考え方」の風土』講談社現代新書、1979年、45頁

桜井教授は更に同書の中で、お子さんがアメリカにいた時は太陽をいつも黄色に塗っていたのに、日本に帰国してからは不思議なことに、今度は赤で描く

ようになったことについて、これは日本社会の無意識の文化的強制の結果では
あるまいかといった、文化人類学者顔まけの考えを述べられた後、「私にした
ところで、太陽研究にたずさわることがなかったら、たぶん今でも『真赤な』
太陽とか、『赤い』お日様などといっていたにちがいないのである」と結んで
60　おられる。

自然科学と人文・社会科学

　既に書いたリンゴの色やオレンジの場合もそうだが、日本で学問的な目的を
持って外国語を学ぶ人々は、今でもこの、太陽の色は言語（文化）が違えば
違った色で認識されるというような事実に、余り関心を示さない。そんな小さ
65　なこと、子供じみたつまらぬ問題が、真面目な学問研究の対象になるなんて、
と明らかに軽蔑の色を隠さない人さえいる。

　しかし文学、哲学、そして社会学といった、いわゆる人文・社会系の学問の
対象が外国である場合、研究の大半は外国語の文献を読むか、直接、外国人と
外国語を使って交流することに限られてくる。

70　自然科学や技術の研究と違って、②そこには具体的に眼に見えること、直接
さわれるものがほとんどなく、また安心して使える客観的な数字も少ない。つ
まり、ことば（外国語）の解釈だけが、頼れる唯一の決め手といっても言いす
ぎではない学問領域が、文学であり、哲学、社会学なのである。

　もちろん数学を含む自然科学や技術の研究の場合にも、外国語の文献は必要
75　であり、外国語を使って交流することも大切である。ただ③その場合の外国語
と、人文・社会系の学問での外国語とは、同じ言語ではあっても、両者は全く
といってよいほど、性質が異なるのである。

　簡単に両者の違いを言うと、前者では記号、つまり単語や文章は自己完結的
であるのに、後者では④それらの意味および限界が不明瞭なのである。つまり
80　前者では言外の意味、その情報を裏で支える文化的前提や歴史的背景などは、
ほとんど無視できるのに、後者、つまり社会・文化科学の文献では、むしろ
⑤この方が大事で、それを知らなければ与えられたテクストの正しい理解は全
く望めない。

自覚と検証

しかも困ったことに、このことはどこにも明示的に示されておらず、まさに
《知る人ぞ知る》の状態におかれているのである。

更に難しいことは、自然科学的な言語情報の場合は、実験や観察、そして論
理的な考察などによって、情報そのものの正しさを検証することが可能である
だけでなく、自分が外国語による情報を、正確に理解したかどうかをチェック
する方法も数多く存在する。

たとえば外国の文献にある通りに、自分で何かを実際に行なってみて、うま
く行かない時は、文献の読み方のどこかに誤りがあったのではないかという、
自己検証の必要に迫られることなどである。

しかし外国文学の解釈や、社会科学的な文献の解読の場合には、⑥これらす
べてがほとんど無に等しい。それでも両者の間にこのような相違があることを、
もし研究者が自覚していれば、人文・社会系の学問でも、たとえ大変な手間ひ
まはかかるにせよ、ある程度の検証は出来るのだが、多くの場合、肝心の⑦そ
の自覚が欠如しているため、自分が勝手に理解したことを、情報の正しい内容
だと思ってしまうのである。

しかしこのような問題については、既に私の『武器としてのことば』（新潮
選書）の第五章の中で、何故これまでの日本における、外国の社会や文化を対
象とする学問が、自然科学と比べて、全体としてはなはだしく不毛で国際性に
欠けるのかを詳しく論じたので、これ以上は、ここで繰返さないことにしたい。

 読んで理解しよう

問1 **本文の内容に合うように〔　　〕から適切な言葉を選びなさい。**

❶ 筆者が言語によって太陽の色が違うことに気がついたのは〔a. イリノイ大学での講義　b. 奥さんのクロスワード・パズル　c. 子ども用の絵本〕がきっかけである。

❷ 筆者はそれまで太陽の色は₁〔a. 赤　b. 黄色〕で、月は₂〔a. 赤　b. 黄色　c. 白〕だと思い込んでいた。

❸ アメリカ人の知人は太陽の色が赤だと認識している人がいることを〔a. 当然だと思っていた　b. 知っていた　c. 知らなかった〕ようだ。

❹ 人は自分の固有の文化〔a. を消去して　b. とは違うように　c. に合うように〕与えられた情報を解釈する傾向がある。

❺ 自分に問題意識がないときは、入って来た貴重な情報に〔a. 気づく　b. 気づかない　c. 気づかないわけではない〕。

❻ 筆者の調査によると、西ヨーロッパ言語圏では太陽は₁〔a. 赤　b. 黄色〕、ロシアや東欧言語圏では₂〔a. 赤　b. 黄色〕で認識されているようである。

❼ 宇宙物理学者の桜井教授は、アメリカに住んで初めて、太陽の色が〔a. どの国も同じだ　b. 国によって違う　c. 赤だ〕と気がついたと述べている。

❽ 桜井教授は、子どもの描く太陽の色について、〔a. 宇宙物理学的　b. 太陽研究的　c. 文化人類学的〕視点から分析している。

問2 **次の文が本文の内容に合っていれば○、合っていなければ×を入れなさい。×を入れたら、どこが違うのか、本文のどこを見れば分かるのかも考えよう。**

❶ 英語では太陽が黄色と考えられている事実を知っている日本人は少なくない。
（　　　）

❷ 筆者は、人文・社会系の学問における外国語と、自然科学や技術の研究での外国語は性質が違うと述べている。（　　　）

❸ 自然科学や技術の研究で外国語を使う場合、言外の意味は人文・社会系の学問ほど重要な意味を持たない。（　　　）

❹ 人文・社会系学問で外国語を学ぶ場合、ことばを裏で支える文化的前提や歴史的背景を知っていたら、文献を正しく理解できない。（　　　）

第**3**課　ことばは文化を表す

⑤ 自然科学的な言語情報が正しいかどうかは、実験や観察、論理的な考察によって検証できる。（　　）

⑥ 外国文学や社会科学的な文献の解釈の正しさも、自然科学と同じような方法で簡単に検証できる。（　　）

⑦ 筆者は、自分の解釈が間違っているかもしれないことを自覚している人文・社会系学問の研究者が少ないことを批判している。（　　）

問3　**次の質問に簡潔に答えなさい。クラスメートと話し合ってもかまいません。**

❶ 人間が情報を認識するとき、機械とはどのように違うか。

❷ 人文・社会系の学問で使う外国語は、自然科学や技術の研究での外国語とどのように性質が異なるか。

❸ 人文・社会系学問の研究者の多くが、自分の解釈が正しいと思い込んでしまうのはなぜか。

❹ この文章で、鈴木（筆者）が伝えたかったことは何か。簡潔にまとめなさい。

問4　**文章の中で下線の指示代名詞が何を指しているか簡潔に答えなさい。**

❶ この事件：＿＿＿＿＿＿＿＿＿＿＿＿＿＿＿＿＿＿＿＿＿＿＿＿＿＿

❷ そこ：＿＿＿＿＿＿＿＿＿＿＿＿＿＿＿＿＿＿＿＿＿＿＿＿＿＿＿＿

❸ その場合：＿＿＿＿＿＿＿＿＿＿＿＿＿＿＿＿＿＿＿＿＿＿＿＿＿＿

❹ それら：＿＿＿＿＿＿＿＿＿＿＿＿＿＿＿＿＿＿＿＿＿＿＿＿＿＿＿

❺ この方：＿＿＿＿＿＿＿＿＿＿＿＿＿＿＿＿＿＿＿＿＿＿＿＿＿＿＿

❻ これら：＿＿＿＿＿＿＿＿＿＿＿＿＿＿＿＿＿＿＿＿＿＿＿＿＿＿＿

❼ その自覚：＿＿＿＿＿＿＿＿＿＿＿＿＿＿＿＿＿＿＿＿＿＿＿＿＿＿

💬 **クラスメートと話し合おう**

1. **自分の言語では太陽は何色だと考えられているか。どのようなことからそのような確信を育てているのか。**

2. 日本語を勉強していて、一つ一つのことばは分かるのに、文や文章全体の意味がよく分からないというような経験をしたことがあるか。あれば、その経験について話してみよう。

3. この文章から学んだこと、自分の体験と関係することをまとめ、クラスメートと話し合ってみよう。

🔗 文法表現を学ぼう

ステップ❶

問1　（　　　）に適切な助詞を入れなさい。ただし、「は」と「も」は使ってはいけません。

❶ 人間はカメラ（①　　　）は違い、情報を都合のいいように解釈するので、自分の理解（②　　　）いつも正しいとは限らない。

❷ 太陽の色は言語文化が違え（①　　　）、違った色（②　　　）認識される。

❸ 太陽の色が文化によって違うという事実（①　　　）関心（②　　　）示す人は多くない。

❹ 学問（①　　　）対象が外国である場合、研究の大半は外国語の文献を読むこと（②　　　）限られる。

❺ 日本にいる（①　　　）、外国の子どもがどう行動する（②　　　）が分からない。

問2　空欄に入る言葉を下から選び、文章を完成させなさい。

自然科学での外国語と人文・社会系の学問での外国語は、同じ言語であっても全くと言ってよい①＿＿＿＿＿＿＿性質が異なる。自然科学では言葉の意味が明らかである②＿＿＿＿＿＿＿、言語情報の正しさを検証することもできる。③＿＿＿＿＿＿＿、人文系学問では言葉の意味が不明確で、言外の文化的前提や歴史的背景を④＿＿＿＿＿＿＿、文献を正確に理解することができない。したがって、研究者はたとえどんなに時間と手間がかかる⑤＿＿＿＿＿＿＿、自分の

解釈が正しいかどうかを検証することを忘れてはならない。

にしても　　一方　　ほど　　知らなければ　　だけでなく

♪ 文 法 ♪

「と」の条件文には意味的な制約がある。

❶　前の節は条件を表し、後ろの節はその結果を表す。

　　例1　「yellow」と入れると、上下・左右ともピッタリする。

　　例2　自分に問題意識がないと、新しいことになかなか気づかない。

❷　後ろの節は、命令、依頼、提案、誘い、意志などは表さない。

　　例3　春になると、桜が咲く。　　　　　　　　　（＊は非文であることを表す）

　　　　　　＊桜を見なさい／＊桜を見てください

　　　　　　＊桜を見たらどうか／＊桜を見に行こう

　　　　　　＊桜を見たい／＊桜を見るつもりだ

❸　後ろの節は、驚き、意外性を表すことがある。

　　例4　アメリカ人に聞いてみると、誰もが太陽は黄色だと答えるので、本当に驚いてしまった。

　　例5　フランス語の絵本を見てみると、きちんと「Le soleil est jaune.（太陽は黄色）」と書いてあるではないか。

【練習】次の文が正しければ○、正しくなければ×をつけなさい。×を入れたら、なぜ正しくないかも考えてみよう。

❶　調べてみると、ロシア語では太陽の色は赤であることが分かった。（　　　）

❷　ドイツ語の絵本では太陽が何色か調べると、私に教えてください。（　　　）

❸　日本に帰国すると、子どもが違う色で太陽を描くようになった。（　　　）

❹　文化を知らないと、外国語の文献が正しく理解できない。（　　　）

❺　外国語の文献を読むと、自分の理解が正しいか必ず検証しなさい。（　　　）

❻　アンケート調査をすると、結果をクラスで発表したらどうだろうか。（　　　）

∛ 表現 ∛

❶ ～すると、～（という）ことが分かった　　when ~, it turned out that ~

　　例1　「yellow」を入れてみると、上下・左右ともピッタリすることが分かった。

❷ A だけでなく、B も（また）　　not only A, but also B

　　例2　言語情報の正しさを検証するだけでなく、自分の解釈の正確さをチェック
　　する方法もある。

❸ ～かどうかを　検証する／調べる　　verify/investigate whether ~ or ~

　　例3　研究者に自覚があれば、自分が外国語による情報を正確に理解したかどう
　　かを検証する方法はある。

❹ たとえ～にしても　　even if

　　例4　人文・社会系の学問でも、たとえ大変な手間ひまがかかるにしても、言語
　　情報の正しさを検証することはできる。

❺ ～なければ　　unless

　　例5　言語情報を裏で支える文化的前提を知らなければ、文献の正しい理解は望
　　めない。

✎ 考えをまとめ、書いてみよう

1. 「読む前に考えてみよう」で話し合ったように、同じものや似たような概念でも
言語によって違う色で表されることがある。そのような例を一つ選び、それを
検証し、その文化的要因を考えてみよう。例えば、「日本では信号の色は赤黄青
で表される」ことに関し、なぜ英語のように緑でないのか、「青になったら渡り
ましょう」というような表現や標識が実際にあるのか、青は日本語で何を象徴
しているか、というような質問を考え、一つ一つ検証する文章を書いてみよう。

2. 鈴木は、数学、科学、技術系の研究での外国語と人文・社会科学系の学問の外
国語とでは、性質が全く違うと述べている。鈴木の論点を整理し、それに対す
る自分の意見を書いてみよう。自分の意見を述べるときは、それを支える根拠
や論理的な考察、または、具体的なデータを加え、説得力を高めよう。本文で

学んだ表現、「表現を使おう」《⇨巻末》に出てくる表現をできるだけたくさん
使ってみよう。

発表しよう

上で書いた文章の内容をクラスで発表してみよう。聞き手がおもしろいと思う発
表にするために、同じような内容でも、話の展開、表現方法を書くときとはどの
ように変えたらいいか考えてみよう。

発展させよう

鈴木は、人間は自分に都合がいいように情報を解釈する傾向があるので、問題意
識がないと、せっかく貴重な情報が入っても、なかなか新しいことに気づかない
と述べている。問題意識を持つことの大切さを訴える文章を、自分の経験や失敗、
そして、そこから学んだことをもとに書いて、発表してみよう。

第 **4** 課

CHAPTER.4

漢字について考えよう

読み物

阿辻哲次「漢字の数／部首の不思議」
『漢字再入門』中央公論新社2019

1. **漢字の長所と短所について考えてみよう。**

漢字の長所	漢字の短所

2. **漢字についてクラスメートと話し合おう。**

   ❶ 漢字を学ぶのは楽しいか。それはなぜか。

   ❷ 漢字は難しい文字だと思うか。それはなぜか。

   ❸ 漢字を学ぶことで、文化を学ぶことができると思うか。どんな例があるか。

   ❹ 漢字の知識は役に立つと思うか。どのように役立つか。

   ❺ 漢字は将来使われなくなるのではないかという見方についてどう考えるか。

   ❻ 漢字を学ぶのに特別な能力がいると思うか。もしそうならどのような力か。

3. **漢字学習について話し合ってみよう。**

   ❶ 漢字を学ぶとき、どんな工夫をするか。

   ❷ 漢字の意味を学ぶとき、部首や構成要素に注意をはらうか。

   ❸ 漢字の音はどのように覚えるか。音符（音を表す記号）に注意をむけるか。

   ❹ はじめての漢語を見たとき、まわりのコンテクストに注意をはらうか。

   ❺ 漢字を覚えるとき、イメージを連想したり、音がにていることばと結びつけたり、
      ストーリーを作ったりすることがあるか。もしあれば、どんな例があるか。

   ❻ 漢字はとにかく覚えるしかないと思うか。勉強のしかたが分からないと思うこと
      がよくあるか。

漢字の数／部首の不思議

阿辻哲次『漢字再入門』中央公論新社 2019

1　②文字が多ければ覚えるのも大変なはずなのに、いったいなぜこ
　　んなにたくさんの漢字が作られたのですか？

表音文字と表意文字

　　これまで漢字が非常にたくさん作られて

5　きたことには、いくつかの理由があります
　が、なかでももっとも大きな理由は、漢字
　がこれまでずっと表意文字として使われて
　きた、という点にあります。

　　たとえば「山」という漢字には「やま」

10　という意味が、「鳩」という漢字には「は
　と」という意味があります。このようにそ
　れぞれの文字が意味を表すものを表意文字
　といいます。それに対して、ひらがなや

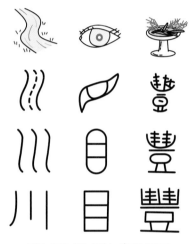

「川」「目」「豐（豊）」ができるまで

ローマ字のように、それぞれの文字には意味がなく、単に発音しか表さない文

15　字を表音文字といいます。

　　表意文字であるということ、つまり一字ごとに固有の意味があるということ
　を逆に考えれば、それぞれの漢字は最初ある特定の意味を表すために作られた、
　ということになります。地表で水が流れている細長いくぼみを表すために「川」
　という漢字が作られ、動物や植物の外側をおおっている部分を表すために「皮」

20　という漢字が作られました。人がなにかを見るときに使う器官を表すために
　「目」という漢字が作られ、植物の種子から出て、やがて枝や葉などに成長し
　ていく部分を表すために「芽」という漢字が作られました。「川」と「皮」、
　「目」と「芽」をひらがなで書けば「かわ」とか「め」と同じ形になりますが、
　漢字ではそれぞれのものを表すために個別の文字がひとつずつ作られました。

25　漢字が表している意味は、川や目など具体的なモノだけではなく、抽象的な
　概念もあります。家来が主君にまごころをつくして仕える気持ちを表すため

「忠」という漢字が作られ、水や酒などの液体を容器にそそぎこむ動作を表すために「注」という漢字が作られました。穀物がたわわに実ったことを神に感謝するために「豊」という漢字が作られ（「豊」はもともと「豐」と書き、実った穀物を台の上に置いて神様にお供えしている形をかたどっています）、決まりや規則を表すために「法」という漢字が作られました。それらをひらがなで書けば「ちゅう」とか「ほう」と同じ形になりますが、漢字ではやはりそれぞれの文字がことなった意味を表しています。

　人間が暮らしている環境において、このようなモノや概念はいわば無限に存在します。まだ文字がなかった時代では、口で発する音声でそれらのモノや概念を表していましたが、時代が進むと、やがてそれを文字で表記するようになってきました。①そのときに、ローマ字やかなのような表音文字を使っている人ならば、たかだか数十種類の文字を組みあわせることで、あらゆるモノや概念を表すことができます。しかし表意文字である漢字は、それぞれのモノや概念を示すためにひとつずつ文字を作るしかありませんでした。漢字の種類が時代とともに増えたのは、いわば表意文字としての宿命だったのです。[中略]

⑤複体の「字」ってどうやって作るの？

漢字を組みあわせる

　文字を作ることを中国では「造字」といいますが、造字のいちばんはじめの段階では、象形と指事という二方法によって、まず基本的な漢字が一通り作られました。②これが「文」で、その文を二つまたはそれ以上組みあわせて、より複雑な概念を表す「字」が作られていったのですが、③そのときに使われたのが「会意」と「形声」という方法です。

　会意とはいくつかの「文」を組みあわせ、それぞれの「文」がもっている意味を総合的に考えあわせて、新しく作られる「字」の意味を導きだす方法です。それに対して形声とは、「文」をいくつか組みあわせることまでは会意と同じですが、そのうちひとつの「文」がもっている発音だけを利用して、あらたに作る「字」の意味を表す方法です。

　ちょっとわかりにくいでしょうから、④そのちがいについて、会意で作られた「鳴」と形声で作られた「鳩」を例として説明しましょう。

　「鳴」と「鳩」という漢字ではどちらにも《鳥》という「文」が右側にあっ

て、これによって新しく作られる「字」がトリに関する意味であることを表しています。このように、ある「字」のなかで全体の意味の大まかな方向を示す「文」を、意味を表す符号ということから「意符」といい、漢字の左側に置かれるものをヘン、右側に置かれるものをツクリ、上に置かれるものをカンムリ、下に配置されるものをアシとかニョウと呼びわけていますが（それを総称して「偏旁冠脚」といいます）、意符としての働きはどこに置かれても同じであって、ここでの《鳥》は右側に置かれていますが、やはり意符として機能しています。

　さて《鳥》以外の部分を見ると、まず「鳴」では《口》という「文」が左側にあります。これもクチという意味を表す意符として使われていて、《鳥》と《口》という組みあわせから、「鳴」は全体として「鳥が口から鳴き声を出すこと」、つまり「なく」という意味を表すしくみになっています。

　ところがもう一方の「鳩」では、《九》という「文」が左側にありますが、それは数字の九という意味を表しているわけではありません。ハトはいつも九羽でかたまっているわけではありませんし、寿命が九年というわけでもありません。ハトという鳥は数字の九と意味的になんの関係もありません。つまり《九》は「鳩」という「字」に対して、意味の面ではなんの作用もしておらず、単に「キュウ」という発音を示すだけの要素として使われているだけです。

　［中略］

　これが形声という方法です。形声とは文字と表裏一体の関係にある音声言語での発音を利用する方法で、⑤この方法を使えば、象形や指事、また会意の方法では文字化しにくい事物や概念であっても、そのことばと同じ発音の既存の「文」を使うことで、いくらでも「字」を作ることができました。［中略］

知らない漢字でも読めるのはなぜか？

　中国語にはひとつの音声でいくつかの意味を表現する「同音異義」という現象があります。すなわち同じ発音がいくつかのことばに使われているわけですから、⑥それをうまく利用すれば、象形や会意では文字化できない事物や概念も、同音の文字を音符として使って文字を作ることができます。

　この「形声」という方法によって、漢字は飛躍的に数量が増えることになりました。漢字には「ものの形からできた」象形文字がたくさんある、と小学校の授業で教えられるので、漢字のほとんどは象形文字だと考えている人も世間

にはよくいますが、日本でも中国でもいま使われている漢字の七割以上は、実は形声の方法で作られた文字なのです。

　漢字には形声文字が多いということを、実は私たちも日常的によく経験しています。それは、はじめて見た難しい漢字でも、読み方はなんとなく想像がつくということがよくあるからです。

　たとえば「歔欷」という難しい漢字を使ったことばがあります。それが「すすりなく」という意味であることは辞書を引かないとわかりません。しかし、あてずっぽうでもヤマカンでもかまわない、まちがっても笑わないから、「歔欷」の読み方を考えてごらん、といわれたら、多くのかたは、じゃ「キョキ」かな？　と推測するのではないでしょうか。それは「歔欷」には《虚》と《希》という要素があることに着目した推測で、そしてその推測は実際にあたっています。

　あるいは「輻輳」。「ものごとが一ヶ所に集中して混みあうこと」という意味はやはり辞書を引かないとわかりませんが、「輻」は「福」との連想から、「輳」は右側に《奏》があることから、「輻輳」は「フクソウ」と読むのではないかと推測することが可能です。「慄然とする」というときの「慄」も難しい漢字ですが、「栗」の音読みがリツであることを知っていれば、「慄然」を「リツゼン」と読むことはそんなに難しくないと思います。

　⑦これらはすべて、漢字にはどこかに発音を表す要素が入っていることが多いという事実を、私たちが感覚的に知っているからこそ可能になるのです。

読んで理解しよう

問1　**本文の内容に合うように［　　］から適切な言葉を選びなさい。**

❶　意味を表す文字を₁［a. 表意文字　b. 表音文字］といい、それぞれの文字には意味がなく、単に発音しか表さない文字を₂［a. 表意文字　b. 表音文字］という。

❷　それぞれの漢字は、ある特定の［a. 形　b. 音　c. 意味］を表すために作られた。

❸　人間が暮らしている環境では、モノや概念は［a. 限りなく存在する　b. たかだか数十種類しかない　c. あまり存在しない］。

❹　モノや概念を表すのに、表音文字なら₁［a. 無限　b. たかだか数十種類　c. 多く］の文字の組み合わせですむが、表意文字ならそれぞれのモノや概念ごとに₂［a. ひとつずつ　b. 組み合わせて　c. 何種類も］文字を作るしかない。

❺　漢字の数が多いのは表意文字としての［a. 概念　b. 規則　c. 宿命］だと言える。

問2　**次の文が本文の内容に合っていれば〇、合っていなければ×を入れなさい。×を入れたら、どこが違うのか、本文のどこを見れば分かるのかも考えよう。**

❶　象形と指事という方法で作られた文字を「文」という。（　　）

❷　「文」を組み合わせて、より複雑な概念を表す「字」が作られた。（　　）

❸　会意も形声も「文」の組み合わせということでは同じだが、会意には音の要素があるのに対し、形声にはそれがない。（　　）

❹　「鳴」という字は形声の例として説明されている。（　　）

❺　「鳴」「鳩」という字にある《鳥》は、意符としての機能をもつ。（　　）

❻　意符は、配置される位置によって、その意味が違う。（　　）

❼　「鳩」という字に「九」があるのは、ハトはいつも九羽でいるからだ。（　　）

❽　形声とは既存の「文」の音を利用して新しい「字」を作る方法である。（　　）

問3　**次の質問に簡潔に答えなさい。クラスメートと話し合ってもかまいません。**

❶　「同音異義」とはどのような現象を指すか。

❷　「形声」という方法によって文字を作る利点は何か。

❸　漢字には形声文字が多いということを、私たちは日常的にどのように経験しているか。

❹ 「歔欷」「輻輳」という難しい漢語でも読み方が推測できるのはなぜか。

問4　文章の中で下線の指示代名詞が何を指しているか簡潔に答えなさい。

❶ そのとき：＿＿＿＿＿＿＿＿＿＿＿＿＿＿＿＿＿＿＿＿＿＿＿＿＿＿＿

❷ これ：＿＿＿＿＿＿＿＿＿＿＿＿＿＿＿＿＿＿＿＿＿＿＿＿＿＿＿＿＿＿

❸ そのとき：＿＿＿＿＿＿＿＿＿＿＿＿＿＿＿＿＿＿＿＿＿＿＿＿＿＿＿

❹ そのちがい：＿＿＿＿＿＿＿＿＿＿＿＿＿＿＿＿＿＿＿＿＿＿＿＿＿＿

❺ この方法：＿＿＿＿＿＿＿＿＿＿＿＿＿＿＿＿＿＿＿＿＿＿＿＿＿＿＿

❻ それ：＿＿＿＿＿＿＿＿＿＿＿＿＿＿＿＿＿＿＿＿＿＿＿＿＿＿＿＿＿＿

❼ これら：＿＿＿＿＿＿＿＿＿＿＿＿＿＿＿＿＿＿＿＿＿＿＿＿＿＿＿＿＿

💬 クラスメートと話し合おう

1.　表音文字と表意文字を比べてみよう。

	特徴	例	利点	欠点
表音文字				
表意文字				

2.　文字の作り方で次の4つの方法を比べてみよう。

	特徴	例	利点	欠点
象形				
指事				
会意				
形声				

3.　知らない漢字のことばの意味と音が推測できたと実感した経験を話し合おう。

文法表現を学ぼう

ステップ❶

問1　(　　　) に適切な助詞を入れなさい。

❶ 表意文字（①　　　）して使われてきた漢字は、一字ごと（②　　　）固有の意味がある。

❷ 「目」と「芽」をひらがな（①　　　）書け（②　　　）「め」と同じ形になる。

❸ 漢字は具体的なモノだけで（①　　　）なく、抽象的な概念（②　　　）表す。

❹ 穀物が実ったこと（①　　　）神に感謝するために、「豊」という字（②　　　）作られた。（「は」「も」以外を入れること）

❺ 形声（①　　　）は「文」の音を利用する方法で、この方法ならいくらでも新しい「字」（②　　　）作ることができる。

問2　空欄に入る言葉を下から選び、文章を完成させなさい。

漢字は表意文字と①＿＿＿＿＿＿＿が、音に対する配慮もなされている。漢字の歴史をたどると、まず象形と指事という方法②＿＿＿＿＿＿＿一通りの「文」が作られた。その後、いくつかの「文」を組み合わせて、より複雑な概念を表す「字」が作られた。そのとき使われた方法が「会意」と「形声」だ。この二つは「文」を組み合わせるという点③＿＿＿＿＿＿＿は同じだが、音を利用するかしないかが違う。「会意」は「文」の意味だけを使って新しい「字」を作る④＿＿＿＿＿＿＿、「形声」は「文」の意味と音の両方を利用する。たとえば、「鳩」という字で、《鳥》は意味を表す符号として使われているが、《九》は何の意味も⑤＿＿＿＿＿＿＿「キュウ」という音を表すだけだ。このような形声文字は現在使われている漢字の七割以上を⑥＿＿＿＿＿＿＿。

| において　　もたず　　されている　　のに対し　　によって　　占めている |

♪ 文 法 ♪

「の」にはいろいろな機能がある。次の文の「の」の説明として適切なものを下から選びなさい。

❶ 漢字は文字の数が多い。（　　　）

❷ 漢字は覚えるのが大変だ。（　　　）

❸ 同じ音符でも発音が違うのがたくさんある。（　　　）

❹ 漢字には読み方の分からないものが多い。（　　　）

❺ 「輻」は「福」との連想から「フク」と読むのではないかと推測できる。（　　　）

❻ なぜこんなにたくさんの漢字が作られたのですか。（　　　）

---

a. 名詞、名詞＋助詞などについて、次に来る名詞と何らかの関係があることを示す。

b. 名詞の代わり（代名詞）として使われる（「もの」と置き換えることができる）。

c. 動詞や節を受けて、全体を名詞として機能させる。

d. 文末表現「〜のだ」「〜んです」として使われる。

e. 名詞を修飾する関係節の中で、「が」に代わって主語を表す。
しゅうしょく

【練習】次の文で、下線部の「の」の説明として適切なものを上のa〜eから選びなさい。

❼ 漢字を書く①のは苦手ではないが、あまりに複雑な②のは書きたいと思わない。

（①　　　）　　　　　　　　　　　　（②　　　）

❽ 複体①の「字」はどうやって作る②のですか。

（①　　　）　　　　　（②　　　）

❾ 鳴、鳩、鷺、鶏など「鳥」①のつく字はたくさんあるが、「鳥」②の表す意味はど

（①　　　）　　　　　　　　　　（②　　　）

こに置かれても同じだ。

❿ 漢字はもの①の形を表すと言われるが、象形で作られた②のはあまり多くない。

（①　　　）　　　　　　　　　（②　　　）

⓫ 漢字①の数が時代とともに増えた②のは、表意文字③の宿命だった。

（①　　　）　　　　　（②　　　）　　　（③　　　）

⚡ 表　現 ⚡

❶　〜に対し（て）　　　1 toward　2 in contrast（to）

　　例1　《九》は「鳩」という字に対して意味の面ではなんの作用もしていない。

　　例2　表意文字は意味と音を表すのに対し、表音文字は単に音しか表さない。

❷　〜しか（〜）ない　　　only, nothing but

　　例3　それぞれのモノや概念を示すためにはひとつずつ文字を作るしかない。

　　例4　単に発音しか表さない文字を表音文字という。

❸　〜のに　　　despite 〜, despite that 〜（showing the speakers' regret or feeling that something is unexpected）

　　例5　文字が多ければ覚えるのが大変なはずなのに、なぜこんなにたくさんの漢字が作られたのですか。

❹　〜によって／〜により［節］　　　by, by means of 〜, because of

　　〜による［名詞］　　　by, through

　　例6　形声という方法によって、漢字は飛躍的に数が増えることになった。

　　例7　音符による推測で、はじめて見る難しい漢字でも読み方が想像できる。

❺　〜（の）ではないだろうか　　　Isn't it the case that 〜, I think it is the case that〜

　　例8　「虚歆」の読み方は、《虚》と《希》から「キョキ」だと推測できるのではないだろうか。

✏ 考えをまとめ、書いてみよう

1.　阿辻（筆者）は、漢字の数が多いのは表意文字としての宿命だとし、また、表意文字ではあるが、形声という方法によって文字を増やしてきたことを述べている。阿辻の論点を整理し、それに対する自分の意見を学習者の立場から書いてみよう。自分の意見を述べるときは、その理由や論理的な考察、自分の体験などを加え、説得力を高めよう。

2.　文字のある特性が長所にも短所にもなる。たとえば、漢字はモノや概念を表す

ので意味がすぐ分かるし、限られた字数で多くの情報を伝えることができる。一方、それぞれのモノや概念ごとにひとつずつ文字が必要なので、どうしても字数が多くなる。さらに、たくさんの字を区別するため字画が多くなり、形が複雑になる。次の表記から興味のあるものを一つ選び、その特性とそれから生じる長所と問題点を考え、文章にしてみよう。その際、本文で学んだ表現、「表現を使おう」《⇨巻末》に出てくる表現をできるだけたくさん使ってみよう。

❶　音素を表すアルファベット
　　おんそ
❷　音節を表すひらがなとカタカナ
❸　意味と音を表す漢字

発表しよう

上で書いた文章の内容をクラスで発表してみよう。聞き手がおもしろいと思う発表にするために、同じような内容でも、話の展開、表現方法を書くときとはどのように変えたらいいか考えてみよう。

発展させよう

この課で読んだり、考えたりしたことをもとに、漢字の特色を自分の学習にどう役立てることができるか考えよう。たとえば、次のことを学ぶには何ができるだろうか。できるだけ具体的な方法を考え、クラスメートと共有し合おう。

❶　漢字の意味を学ぶのに、字形、構成要素、音をどう利用できるか。
　　　　　　　　　　　　こうせいようそ
❷　漢字の発音を学ぶのに、字形や音符をどう利用したらいいか。漢字の意味は音を学ぶのに利用できるだろうか。

❸ 文章を読んでいて知らない漢字が出てきたとき、辞書や語彙リストを見る以外にできることはないだろうか。まわりのコンテクストや漢字の構成要素からの情報をどのように役立たせることができるだろうか。

❹ 新しい漢字を覚えるときに、何かのイメージと結びつけたり、音がにていることばと結び付けたり、ストーリーを作ったりすることはできるだろうか。覚えにくそうな漢字を選んで、絵や歌にしたり、ストーリーを作ったりしてみよう。

第 **5** 課

CHAPTER.5

敬語を学ぼう

読み物
菊地康人「敬語の種類」
『敬語再入門』講談社2021

1. 敬語について知っていることを話し合おう。

   ❶ 敬語にはどんな種類があると習ったか。

   ❷ 丁寧語とは何か。どのようなときに使うか。どのような表現があるか。

   ❸ 尊敬語とは何か。どのようなときに使うか。どのような表現があるか。

   ❹ 謙譲語とは何か。どのようなときに使うか。どのような表現があるか。

2. 次の表現で、丁寧語には「丁」、尊敬語には「尊」、謙譲語には「謙」、そのいずれでもないものには×を（　　）に書きなさい。

   ❶ 出かけます　　（　　）　　❷ お持ちする　　（　　）　　❸ おいしくなる（　　）

   ❹ お待ちになる（　　）　　❺ お送りする　　（　　）　　❻ 行きましょう（　　）

   ❼ ご案内する　　（　　）　　❽ おいしいです（　　）　　❾ くださる　　　（　　）

3. 次の表現が適切であれば○、そうでなければ×を（　　）に書きなさい。×の場合は、よくない部分に線を引き、適切な表現を考えなさい。

   ❶ 学生：先生、メチャ忙しそう。手伝ってあげようか。(①　　　)

   　　先生：そう？助かるよ。(②　　　)

   ❷ 社員：部長、くろしお社の山本様が来ました。（　　　）

   　　部長：そうか、わかった。でも、山本さんの前では、ちゃんとした敬語を使ってくれよ。

   ❸ 先生、大学院を受けたいので、推薦状を書かせていただけませんか。（　　　）

   ❹ 市民：すみません。パスポートはどこで申し込めばいいでしょうか。(①　　　)

   　　職員：あちらで、申し込み用紙をいただいてください。(②　　　)

   ❺ A社の田中：A社の田中と申しますが、山本所長をお願いします。(①　　　)

   　　B社の中山：あいにく山本は外出しておられます。(②　　　)

敬語の種類

菊地康人『敬語再入門』講談社 2021

1　9　敬語の種類

 敬語の種類っていくつあるんですか。三種類だとか五種類だとか聞きますが。

　多くの読者が学校で「尊敬語・謙譲語・丁寧語の三種類」と習われたことで
5 しょう。ところが、2007 年に文化審議会が示した「敬語の指針」では五種類
立てられていて、一体どうなったのだろう、という声も聞くところです。①<u>こ</u>
<u>れ</u>については、詳しくは、もう少し先で触れることにして（→§58）、本書の
まだ入り口のこの段階では、ひとまずは「三分法」を復習して、②<u>これ</u>に簡単
な補足を加えるだけにしておきましょう。

10 　**尊敬語**は、話手が主語を高める表現です。前項の「先生は明日お帰りになり
ます」の尊敬語「お帰りになる」も、主語「先生」を高めています。「A さん
が B さんを C さんの家から D さんの家までご案内なさった」のように人物が
多い場合も、尊敬語「ご案内なさる」によって高められるのは主語「A さん」
だけです。なお名詞の場合は「（先生の）おからだ」のように「……の」にあ
15 たる人物を高めるのが尊敬語です。

　いわゆる**謙譲語**は、話手が主語を低める表現だといえます。「私が先生をご
案内しました」「父は明日帰宅いたします」の「ご案内する」「（帰宅）いたす」
は、それぞれいわゆる謙譲語ですが、これらの文では、それぞれ「私」「父」
が低められていると感じられるでしょう。ただし、§35 以下で見るように、
20 謙譲語には大別して二つのタイプがあり、上の「お／ご～する」は謙譲語Ⅰ、
「いたす」（「お／ご」の付かないもの）は謙譲語Ⅱと呼ばれる、異なるタイプ
です。③<u>どちらも</u>、確かに主語を低めはするのですが、主語を低める趣旨など
が、だいぶ違います。名詞の例では「（先生への）お手紙」「愚息」などが謙譲
語です。なお、どの謙譲語も、自分や身内などを低めながら敬意の表現として
25 働くわけで、§Ⅰに述べたマイナスの待遇表現ではなく、プラスの待遇表現つ

まり敬語です。

　丁寧語は、話手が聞手に対して丁寧に述べる表現で、「本です」「来ます」のような「です・ます」が代表選手です。「ございます」も敬度の高い丁寧語です。この他、「お暑い中をようこそ……」の「お暑い」なども丁寧語です。

30　　以上が三分法ですが、研究者の間では以前から、④この分類の問題点なども指摘されてきました。一つは、「いきなり三つに分かれるのではなく、まず、敬語全体が、登場人物に関わる〈話題の敬語〉（尊敬語・謙譲語）と、聞手に対する〈対話の敬語〉（丁寧語）の二つに分かれ、その上で⑤前者がさらに分かれる（→§50）と見るべきだ」という指摘です。一方、上のように謙譲語
35　に二種あることなどから、「三つに分けるのでは、不十分・不適当だ」（→§58）とも指摘されてきました。では、どう改めたらよいかについては、後で見ることにしましょう（→§57）。［中略］

50　〈話題の敬語〉と〈対話の敬語〉

Q　「です・ます」も敬語なのですか。ほかの敬語とは違う気がしますが。

40　　「です・ます」も敬語で、三分法（→§9）で**丁寧語**と呼ばれるものです。丁寧語の、尊敬語・謙譲語との大きな違いは、**話題とは**（主語が誰だとか補語が誰だとかいうこととは）**全く関係なく使われる**、ということです。

　　　あちらの社長はご立派な方<u>です</u>。

　　　こちらの豚は特産の黒豚<u>です</u>。

45　　　　天下りの役員さんが三人着任<u>されました</u>。

　　　ゴミがたまり<u>ました</u>ね。

などと、然るべき人の話であれ、動物の話、はたまたゴミの話であれ、要するに話手が聞手に丁寧に述べようとすれば「です・ます」は使われます。「です・ます」は〈話題の敬語〉ではなく**〈対話の敬語〉**だといえます。話題の人物の
50　上下や、内か外かといったことを考えなくてもよい、誰でも使える敬語です。

　　⑥これに対して、**尊敬語や謙譲語**は、話題の人を高めるなり低めるなりするわけですから、問題の人がそれに（高める／低めるのに）ふさわしい人物かどうか考えながら使わなければならない、まさに**〈話題の敬語〉**です。「役員さ

んが着任された」は○、「ゴミがたまられた」は×というわけです（前者も、身内を高める結果になる場では×）。

「［あなたは］いつ着任なさったんですか」のように、第三者ではなく聞手を主語として尊敬語を使う場合はもちろん多いのですが、⑦これは、主語を高める尊敬語すなわち〈話題の敬語〉が、たまたま聞手を話題として使われている、と見ればよいわけです。「私が［あなたを］ご案内します」のように、聞手を補語として謙譲語Iを使う場合も同様で、「お／ご〜する」自体は第三者を高めることもあるので、あくまでも〈話題の敬語〉です。

この〈話題の敬語〉と〈対話の敬語〉の区別は（時枝誠記氏の〈詞の敬語〉〈辞の敬語〉、辻村敏樹氏の〈素材敬語〉〈対者敬語〉を受けて）渡辺実氏の説かれた重要な考え方です。

　　　〈話題の敬語〉＝尊敬語・謙譲語

　　　〈対話の敬語〉＝丁寧語

と概略的にはいえますが、「私がまいります」のような謙譲語IIは、前述のように事実上は聞手への敬語なので、その意味では〈対話の敬語〉です。しかし、その聞手への敬意は、主語（話手やその身内）を低めることからもたらされるわけで、やはりそもそもは〈話題の敬語〉です。§45で丁重語と述べた「電車がまいります」などは〈対話の敬語〉色がさらに強いものですが、やはり主語に制約がある（「あなた」や「先生」は不可）という意味ではわずかに〈話題の敬語〉性もとどめています。将来「あなたが／先生が まいります」もよくなれば、完全に〈対話の敬語〉＝丁寧語になったことになります。［中略］

57　敬語の種類の整理

いろいろな敬語があることがよくわかりました。全体像を示してください。

ここで、これまでに出てきた敬語を整理しておきます。

尊敬語　主語〈II・III人称〉を高める。
　　　（例）　これ、お使いになりますか。
　　　　　　社長がスピーチをなさった。

「お／ご〜になる」（ナル敬語）・「……（ら）れる」（レル敬語）が代表的だが、他に「なさる・いらっしゃる・おっしゃる・召しあがる・くださる」など。

85　名詞の例は「［先生の］ご住所」「［先生（から）の］お手紙」などで、「…の」で係る人物を高める。

謙譲語Ⅰ　補語（「…を・…に」など。動作の関係する方面）〈Ⅱ・Ⅲ人称〉を高め、主語〈普通はⅠ人称〉を補語より低く位置づける。

（例）　今日お訪ねして（伺って）よろしいですか。

90　　　　私が社長をご案内した（ご案内申し上げた）。

「お／ご〜する・お／ご〜申し上げる・申し上げる・存じ上げる・さしあげる・伺う」など。

名詞の場合は「［先生への］お手紙／ご挨拶」のように、向かう先を高める。

謙譲語Ⅱ　主語〈Ⅰ人称〉を低め、聞手に丁重さを示す。

95　（例）　私もその会に出席いたします（まいります）。

「──いたす・いたす・まいる・申す・存じる・おる」。

名詞の例は「愚息・拙著・小社・弊社」など。

丁重語　謙譲語Ⅱを、とくに主語を低めるわけではなく、単に聞手に対する丁重さをあらわすためだけに使う用法。ただし、主語は〈高める必要のな100 いⅢ人称〉でなければならない。

（例）　向こうから 中学生が／車が まいりました。

謙譲語ⅠⅡ　補語〈Ⅱ・Ⅲ人称〉を高め、主語〈Ⅰ人称〉を低め、聞手に丁重さを示す。

（例）　［私があなたを］ご案内いたしましょう。

105　「お／ご〜いたす」のみ。

丁寧語　聞手に丁寧に述べる。「です・ます」「ございます」や「お暑い」など。

このほか、「お菓子・ご飯」のように話手がいわばきれいに述べる**美化語**や、「本日・先程」のように話手が改まって述べる**改まり語**も、敬語に準じるもの（準敬語）です。

問1　本文の内容に合うように［　　］から適切な言葉を選びなさい。

❶ 敬語の分類について、学校では①［a. 二　b. 三　c. 五］種類、2007年の文化審議会の「敬語の指針」では②［a. 二　b. 三　c. 五］種類としている。また、研究者の間では、まず③［a. 二　b. 三　c. 五］つに分けるべきだとする指摘もある。

❷ 「山田先生は明日お帰りになります」は、①［a. 話手　b. 聞手　c. 主語］が②［a. 話手　b. 聞手　c. 主語］を高める③［a. 尊敬　b. 謙譲］表現である。

❸ 「父は明日帰宅いたします」は、①［a. 話手　b. 聞手　c. 主語］が②［a. 話手　b. 聞手　c. 主語］を低める③［a. 尊敬　b. 謙譲］表現だと言える。

❹ 謙譲語には二つのタイプがあり、「ご案内する」は①［a. 謙譲語Ⅰ　b. 謙譲語Ⅱ］、「帰宅いたす」は②［a. 謙譲語Ⅰ　b. 謙譲語Ⅱ］と呼ばれる。

❺ 「先生からのお手紙」の「お手紙」は①［a. 尊敬語　b. 謙譲語］、「先生へのお手紙」の「お手紙」は②［a. 尊敬語　b. 謙譲語］である。

❻ 丁寧語は①［a. 話手　b. 聞手　c. 話の登場人物］が②［a. 話手　b. 聞手　c. 話の登場人物］に対して敬意を表す表現で、「です」「ます」がよく使われる。

❼ 敬語には、①［a. 話手　b. 聞手　c. 話の登場人物］に対する〈話題の敬語〉と、②［a. 話手　b. 聞手　c. 話の登場人物］に対する〈対話の敬語〉がある。さらに、〈③［a. 話題　b. 対話］の敬語〉は尊敬語と謙譲語の二つに分かれる。

問2　次の文が本文の内容に合っていれば〇、合っていなければ×を入れなさい。×を入れたら、どこが違うのか、本文のどこを見れば分かるのかも考えよう。

❶ 「こちらの豚は特産の黒豚です」は豚に対して敬意を表す表現である。（　　）

❷ 丁寧語は、話に登場する人物やものとは関係なく使われる敬語である。（　　）

❸ 丁寧語は、話手が聞手に対して敬意を表す〈対話の敬語〉だといえる。（　　）

❹ 尊敬語・謙譲語を使うときは、話題の人物の上下や内か外かを考えなくてもよい。（　　）

❺ 「ゴミがたまりましたね」は〈話題の敬語〉である。（　　）

❻ 「（あなたは）いつ着任なさったんですか」は、聞手を話題の主語として高めた尊敬表現だと考えることができる。（　　）

❼ 「私が（あなたを）ご案内いたします」は、聞手を話題の補語として低めた謙
譲表現である。（　　）

❽ 「私がまいります」と「電車がまいります」は〈話題の敬語〉色の度合いが異
なる。（　　）

問3　**本文の説明をもとに、敬語を整理しよう。**

	種類			説明	例
話題の敬語	尊敬語			1	2
	謙譲語	Ⅰ		3	4
		Ⅱ	Ⅱ	5	6
			丁重語	7	8
		Ⅰ Ⅱ		9	10
対話の敬語	丁寧語			11	12
	準敬語	美化語		13	14
		改まり語		15	16

問4　**文章の中で下線の指示詞が何を指しているか簡潔に答えなさい。**

❶　これ：＿＿＿＿＿＿＿＿＿＿＿＿＿＿＿＿＿＿＿＿＿＿＿＿＿＿＿＿

❷　これ：＿＿＿＿＿＿＿＿＿＿＿＿＿＿＿＿＿＿＿＿＿＿＿＿＿＿＿＿

❸　どちらも：＿＿＿＿＿＿＿＿＿＿＿＿＿＿＿＿＿＿＿＿＿＿＿＿＿＿

❹　この分類：＿＿＿＿＿＿＿＿＿＿＿＿＿＿＿＿＿＿＿＿＿＿＿＿＿＿

❺　前者：＿＿＿＿＿＿＿＿＿＿＿＿＿＿＿＿＿＿＿＿＿＿＿＿＿＿＿＿

❻　これ：＿＿＿＿＿＿＿＿＿＿＿＿＿＿＿＿＿＿＿＿＿＿＿＿＿＿＿＿

❼　これ：＿＿＿＿＿＿＿＿＿＿＿＿＿＿＿＿＿＿＿＿＿＿＿＿＿＿＿＿

第5課　敬語を学ぼう

💬 クラスメートと話し合おう

1. 〈話題の敬語〉と〈対話の敬語〉の違いを比べてみよう。

	〈話題の敬語〉	〈対話の敬語〉
誰に敬意を表す表現か		
どのような表現が使われるか		

2. 〈話題の敬語〉の中で、尊敬語と謙譲語の違いを比べてみよう。

	尊敬語	謙譲語
どのようなときに使われるか		
どのような表現があるか		

3. 「私がまいります」と「電車がまいります」は、両方とも「まいります」と［謙譲＋丁寧］表現が使われているが、どのように性質が違うか。

🔗 文法表現を学ぼう

ステップ❶

問1 （　　　）に適切な助詞を入れなさい。

❶ 2007 年に文化審議会（①　　　）示した「敬語の指針」（②　　　）は敬語が五種類立てられている。

❷ 私は社長（①　　　）空港から会議場（②　　　）お送りした。

❸ 謙譲語は大別してⅠとⅡの二つ（①　　　）分けられるが、どちら（②　　　）自分や身内を低めて敬意を表す表現である。

❹ 尊敬語や謙譲語を使うときは、話題の人物の上下や、ウチ（①　　　）ソト（②　　　）ということを考えなくてはならない。

❺ 山口先生（①　　　）推薦状を書いてくださるとおっしゃったので、山口先生

（②　　　　　）書いていただきました。

❻　先生（①　　　　　）（②　　　　　）お手紙を拝読し、涙が出ました。すぐに、先生
（③　　　　　）（④　　　　　）お礼状を書きました。

問2　**空欄に入る言葉を下から選び、文章を完成させなさい。**

敬語はまず、〈話題の敬語〉と〈対話の敬語〉の二つに①＿＿＿＿＿＿＿＿。〈話題の
敬語〉とは話の登場人物に関わる敬語で、〈対話の敬語〉とは聞手②＿＿＿＿＿＿＿
敬語である。〈話題の敬語〉は③＿＿＿＿＿＿＿＿尊敬語と謙譲語に分かれ、尊敬
語は話題の主語を高める表現、謙譲語は話題の主語を低める④＿＿＿＿＿＿＿
補語（〜を、〜に）を高く位置づける表現である。⑤＿＿＿＿＿＿＿、丁寧
語は話題の人物とは関係なく使われる〈対話の敬語〉で、聞手に敬意を表そう
⑥＿＿＿＿＿＿＿「です・ます」が使われる。つまり、〈話題の敬語〉は話の登場
人物の上下やウチ・ソトを考えながら使わなければならない敬語であるの
⑦＿＿＿＿＿＿＿、〈対話の敬語〉はそのようなことは⑧＿＿＿＿＿＿＿聞手と
の関係だけを考えて使える敬語だといえる。

| さらに　　考えずに　　とすれば　　に対する　　分けられる |
| 一方　　ことで　　に対し |

ステップ❷

♪　**文　法**　♪

敬語の種類

			対話の敬語	
			聞手に敬意を示す ○丁寧語	聞手に敬意を示さない ×丁寧語
話題の 敬語	主語を高める： 尊敬語		社長がお帰りになります	社長がお帰りになる
	主語を低める： 謙譲語	Ⅰ	私が社長をお送りします	私が社長をお送りする
		Ⅱ	私がまいります	私がまいる（尊大語）

【練習】次の表現で、それぞれの人物に敬意が表されていれば○、そうでなければ×を書き入れ、誰が誰に話しているか明らかにしなさい。

❶ ［部活の先輩と後輩の会話］

先生をお呼びしましょうか。　　　　　　　先生（①　　）　　聞手（②　　）

→③_____が④_____に話している

❷ ［部活の先輩と後輩の会話］

先生をお呼びして。　　　　　　　　　　　先生（①　　）　　聞手（②　　）

→③_____が④_____に話している

❸ ［部活の先輩と後輩の会話］

先生を呼んで来て。　　　　　　　　　　　先生（①　　）　　聞手（②　　）

→③_____が④_____に話している

❹ ［父親と娘の会話］

お医者様がいらっしゃいました。　　　　　医者（①　　）　　聞手（②　　）

→③_____が④_____に話している

❺ ［父親と娘の会話］

お医者様がいらっしゃったよ。　　　　　　医者（①　　）　　聞手（②　　）

→③_____が④_____に話している

❣ 表 現 ❣

❶ 尊敬語

お／ご～になる（ナル敬語）

例1　社長がお帰りになります／ご帰宅になります。

～れる／られる（レル敬語）

例2　部長はどれがいいと思われますか。

お／ご ＋ 形容詞／副詞

例3　北村先生はお忙しいようで、研究室にいらっしゃるのを見たことがない。

例4　ご親切にしていただいて、ありがとうございます。

（お／ご）形容詞テ形 ＋ いらっしゃる

例5　先生のお嬢様は何事にも積極的でいらっしゃいます。

例6　部長の息子さん、何度もチャレンジされて、ご立派でいらっしゃいますね。

　　　　　　　　　　（「お／ご」がつく形容詞とそうでないものがあるので注意）

名詞 ＋ で ＋ いらっしゃる

　　例7　大野先生は日本で有名な<u>言語学者でいらっしゃいます</u>。

❷　謙譲語

　お／ご～する

　　例8　お荷物を<u>お持ち</u>しましょうか。

　　例9　それでは、<u>ご案内</u>します。

　～ていただく／くださる／さしあげる

　　例10　先生に教え<u>ていただきました</u>／先生に<u>ご指導いただきました</u>。

　　例11　先生が推薦状を書いて<u>くださいました</u>。

　　例12　先生の写真を撮って<u>さしあげました</u>。

❸　丁寧語

　動詞 ＋ ます、ません、ましょう、まして、ましたら、ましたり、ございます

　名詞／形容詞 ＋ です／でございます

　　例13　これは<u>本です</u>／<u>でございます</u>。

　　例14　とても<u>うれしいです</u>／<u>うれしゅうございます</u>。

　　例15　私は<u>元気です</u>／<u>でございます</u>。

　［依頼］　お／ご ＋ マス形 ＋ ください

　　例16　皆様、<u>お立ちください</u>／<u>ご起立ください</u>。

　［美化語］　お／ご ＋ 名詞

　　例17　<u>お</u>名前（和語）、<u>ご</u>住所（漢語）、<u>ご</u>ゆっくり、<u>お</u>食事

　［改まり語］

　　例18　少々（ちょっと）、本日（今日）、どなた（誰）、どのような（どんな）

❹　不規則動詞

【練習】空欄に適切な形を書きなさい。

基本形	尊敬形	謙譲形
いる	1	2
行く	3	4
来る	いらっしゃる、おいでになる	5
する	6	7
言う	8	9

食べる、飲む	10	11
見る	ご覧になる らん	拝見する はいけん
聞く	お聞きになる、お尋ねになる たず	伺う、拝聴する はいちょう
会う	12	お目にかかる
知っている	ご存知だ	存じている、存じ上げる
着る	お召しになる	着させていただく
寝る	お休みになる	休ませていただく
見せる	13	お目にかける
聞かせる	14	お耳にいれる
借りる	15	拝借する はいしゃく
思う	16	存じる、存じ上げる
あげる	17	さしあげる
くれる	くださる	
もらう	18	いただく、ちょうだいする

✎ 考えをまとめ、書いてみよう

1. 菊地（筆者）は、§9で敬語の三分法（尊敬語、謙譲語、丁寧語）について説明し、§50で敬語の二種（〈話題の敬語〉と〈対話の敬語〉）、そして、§57で五種［尊敬語、謙譲語Ⅰ、謙譲語Ⅱ（丁重語を含む）、謙譲語ⅠⅡ、丁寧語］に大別している。それぞれの分類法の要点を整理し、日本語学習者の立場からどの分類法が理解しやすいか考え、文章にまとめてみよう。

2.　敬語力診断テスト《⇨ Web サイト》に挑戦し、自分の敬語力を分析してみよう。

敬語力診断表

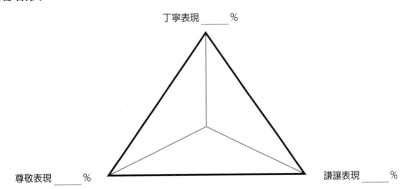

3.　自分の敬語力を分析して、分かったこと、考えたことを文章にしてみよう。また、どうすれば、敬語の力がつくかについても考えてみよう。

 発表しよう

　　上で書いた文章をクラスで発表してみよう。同じような内容でも、書くときと発表するときは何が違うかを考え、聞き手が興味を持つような発表を工夫しよう。本文で学んだ表現、「表現を使おう」《⇨巻末》の表現をできるだけたくさん使ってみよう。

↑ 発展させよう

1. 敬語力診断テストをクラスメートにも受けてもらい、自分の結果と比べてみよう。また、クラスメートの敬語力からどのような傾向が見えるかも分析して考えてみよう。

2. 敬語に関する記事や資料を集め、どんなことが問題になっているか調べてみよう。また、その問題に対してどのような対策があるかも調べてみよう。

【参考】
文化審議会（2007）「敬語の指針」<https://www.bunka.go.jp/seisaku/bunkashingikai/kokugo/hokoku/pdf/keigo_tosin.pdf>

第 **6** 課

CHAPTER.6

カタカナは
どんなときに使われる？

読み物

秋月高太郎「ココはカタカナで書くしかないデショ？」
『ありえない日本語』筑摩書房2005

1. **クラスメートと話し合ってみよう。**

   ❶ ひらがな、漢字、カタカナが主にどのような語に使われるか整理してみよう。

   ❷ カタカナ語に対しどのようなイメージがあるか。

   ❸ 同じ言葉をひらがな、漢字、カタカナで表記すると、意味やイメージがどう変わるか。

   例） 携帯 vs. ケータイ　　おしゃれ vs. お洒落 vs. オシャレ　　めし vs. 飯 vs. メシ

2. **次のマンガのタイトルのカタカナの使い方について、下の表にまとめてみよう。そして、それぞれについて、なぜカタカナで書かれているのか考えてみよう。**

慣例的に		
❶ ひらがなで表記される語	❷ 漢字で表記される語	❸ カタカナで表記される語

『好きにならないよ、センパイ』

『パパと奏でるEVERYDAY』

『僕らは恋がヘタすぎる』

『文豪ストレイドッグス』

『デブとラブと過ちと!』

『マズ飯エルフと遊牧暮らし』

『彼氏の浮気現場で元カレと!?』

『ハイキュー!!』

ココはカタカナで書くしかないデショ？

秋月高太郎『ありえない日本語』筑摩書房 2005

1　**ここで片仮名使うの？**

　　今日、若い世代の人々を対象にしたメディアや、若い世代の人々が書いた
メールやインターネット上のウェブ日記の文章の中に、本来、カタカナで書か
ない語がカタカナで書かれているのを見ることがある。たとえば、次に示すよ
5　うなものである。

　　❶　おっそーい。15分以上**チコク**したら**オゴ**らせちゃおっ

　　　　　　（倉橋えりか「世紀末のエンジェル」『りぼん』2001年1月号）

　　これは、少女マンガの登場人物のセリフであるが、このセリフの中で用いら
れている「チコク」は「遅刻」と漢字表記、「オゴる」は「おごる」とひらが
10　な、または「奢る」と漢字かな混じりで表記されるべきところであろう。この
ように、慣例的には、漢字またはひらがなで表記されるべきであるにもかかわ
らず、カタカナで表記されている語を、特殊カタカナ語と呼ぶことにしよう。
　　特殊カタカナ語は、少女マンガの登場人物のセリフには頻出する。さらに、
例をいくつかあげておこう。

15　　❷　昨日**セートカイ**の美っ人な**オネー**さんにそー呼ばれてたんじゃ…

　　　　　　（朝比奈ゆうや「偽りのライオン」『りぼん』2001年1月号）
　　❸　**ホント**はただ**ボンビー**なだけなんデショ

　　　　　　（藤井みほな「GALS!」『りぼん』2001年1月号）［中略］

　　次に、若い世代の人々が書いたウェブ日記の中で用いられている例を示そう。

20　　❻　**ソッコー**で終わりました（＊ノwノ）［中略］

なぜ、今日の若い世代の人々は、①このような特殊カタカナ語を用いるのであろうか。その理由は、単に、彼らが漢字を知らないということではなさそうだ。なぜなら、ウェブ日記やメールを書くのに用いるパソコンやケータイには、かな漢字変換システムが搭載されており、誤変換こそあれ、漢字に直せないということはありえないからだ。ということは、彼らは、あえてカタカナという表記を選んで用いているのである。では、彼らが、好んでカタカナを用いる理由はどこにあるのだろうか。[中略]

少女マンガはカタカナ王国

　カタカナは、主に欧米の言語を由来とする外来語や、外国の地名・人名の表記に用いるというのが、慣例的な用法である。外来語は原則として名詞であり、地名・人名も固有名詞という名詞の一種である。したがって、慣例的な用法では、カタカナの使用は、一部の名詞の表記に限定されていると言うことができる。しかし、特殊カタカナ語は名詞に限定されない。次に、少女マンガの登場人物のセリフに用いられている特殊カタカナ語を、品詞別に分類したものを、次ページの図表 12 に示しておこう。

品詞	単語
名詞	ガッコ、イミ、キゲン、ベンキョー、ケッコン、チコク、ゴハン、フロ、ヒマ、ウワサ、ヤツ、カオ、スナオ、ソッコー、ソレ、コレ、アレ
動詞	フザケた、ムカつく、グチってた、フラれちゃった、ツラかった、テレる、イケてる、ツイてない、バレた、シメない、ウザがりそう
形容詞・形容動詞	デカい、オイシー、ヤバい、キライ、カワイソーだ、キレーな、ビミョーだ、カワイイ、フシギと、ホントに、マズい
副詞	マジ、ゼンゼン、フツー
感動詞	ホラ、コラ、オッケー
助詞・助動詞	～デショ、～ケドー、～なんスけど、～だゾ、～ヨ

図表 12　少女マンガの特殊カタカナ語

　この表からわかるように、特殊カタカナ語はあらゆる品詞にわたっている。

少女マンガの登場人物のセリフにおいては、カタカナは、漢字やひらがなと並んで、主役を務めているとさえ言えるのである。

では、なぜ、少女マンガの登場人物のセリフには、特殊カタカナ語が頻出するのであろうか。その一つに、少女マンガ雑誌の対象年齢に基づく理由が考えられる。ここで示した特殊カタカナ語の多くは、『りぼん』という少女マンガ雑誌に掲載された作品から採ったものである。『りぼん』が想定する中心的な読者層は、小学生の女子である。したがって、作者や編集者は、彼女たちが読めないような漢字の使用は避けるように心掛けるにちがいない。『りぼん』の読者には、小学校低学年の女子が含まれると考えられる以上、登場人物のセリフに漢字を使わないようにすることは、十分考えられることである。

しかし、この理由は、特殊カタカナ語を使用することの、部分的な説明にはなっても、全体的な説明にはならない。なぜなら、特殊カタカナ語は、慣例的には漢字で表記されるものを、カタカナで表記したものばかりでなく、「ソレ」や「オイシー」などのように、慣例的にはひらがなで表記されるものを、カタカナで表記したものもあるからである。さらに、冒頭に、ウェブ日記やメールにおける、特殊カタカナ語の使用例を示したが、これらは、漢字をまだ十分に学習していない子どもを対象に書かれたものではない。したがって、特殊カタカナ語の使用には、別の理由もあると考えなくてはならない。

特殊カタカナ語の使用には、表記が与えるイメージに基づいた理由があると考えられる。漢字、ひらがな、カタカナは、それぞれ異なったイメージをもっている。②これを図示すると、次ページの図表13のようになる。

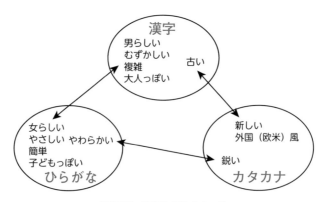

図表 13 表記とそのイメージ

漢字とひらがなは、いくつかの対立したイメージをもっている。漢字の「男

らしい」というイメージと、ひらがなの「女らしい」というイメージは、平安
時代にさかのぼることができる。当時、漢字は「男手」、ひらがなは「女手」
と呼ばれていた。これは、男が公的な文書を扱う必要性から、漢字の読み書き
能力を必要とされたのに対し、女は、私的な文書（日記や和歌等）で用いるひ
らがなの読み書き能力に限定されていたことに由来する。また、文字の習得過
程として、ひらがなが先に、漢字が後に習得されることから、ひらがなには
「子どもっぽい」「簡単」「やさしい」というイメージが、漢字には、「大人っぽ
い」「複雑」「難しい」というイメージが付与されることになる。幼児向けの絵
本などの文章が、もっぱら、ひらがなで書かれていることなども、ひらがなの
③このようなイメージの形成に一役買っているであろうことは間違いない。ま
た、表記がもつビジュアル性も、表記のイメージ形成に寄与する。漢字は、一
般に、ひらがなやカタカナよりも画数が多いため、「複雑」「難しい」というイ
メージを与える。また、ひらがなは、滑らかな曲線で構成される部分があるた
め、「やわらかい」というイメージを与えるのに対し、カタカナはほとんどが
直線で構成されているため、「鋭い」というイメージを与える。さらに、カタ
カナは、欧米の言語を由来とする外来語や、外国の地名・人名の表記に用いる
という慣例から、外国（欧米）風というイメージを与える。この外国（欧米）
風というイメージは、明治維新以後の、外国（欧米）のものは新しいという共
通意識に裏打ちされて、「新しい」というイメージと結びつく。これは、一方
で、日本のものは古いという共通意識を生み、漢字がそのイメージを担うこと
になった。

　特殊カタカナ語を使用する理由に戻ろう。特殊カタカナ語を使用する理由は、
漢字やひらがなを用いることによって喚起されるイメージを避けたいという動
機に支えられていると考えられる。たとえば、「勉強」という表記は、漢字で
あるがゆえに「男らしい」「大人っぽい」「複雑」といったイメージを喚起して
しまう。しかし、だからと言って、これを「べんきょう」と表記すれば、今度
は「女らしい」「子どもっぽい」といったイメージが喚起されてしまう。特に
今日の少女マンガの世界においては、このようなイメージをふりまくことは、
必ずしも、歓迎されない。なぜなら、今日の少女マンガの主人公は、「女らし
さ」のようなジェンダーに基づいたイメージや、「子どもっぽい」といった守
られる対象としてのイメージをもった人物としてよりも、他の誰でもない「自

分らしさ」を追求し、実践する人物として描かれるからだ。彼女たちには、漢字もひらがなも似合わない。そこで登場するのがカタカナである。カタカナがもつ「鋭さ」のイメージ、つまり「エッジ感」こそが、「自分らしさ」を追求し、実践するために、世界を切り裂いていく彼女たちのイメージなのである。

実は、少女マンガにおける特殊カタカナ語の使用は、既に70年代には始まっていた。次に示すのは、当時『りぼん』の人気作家の一人だった、陸奥Ａ子の作品に用いられている例である。

❿　最初の手紙は理沙から書こう。お友だちのこととか楽しいことがたくさん書けそう**デス**…

（陸奥Ａ子「樫の木陰でお昼寝すれば」『りぼん』1976年9月号）

⓫　でもわたしだって、どうしてこんなにすなおになれるのか…不思議な**ン**だ…

（同「いつのまにか春の色」『りぼん』1977年4月号）

⓬　でもいいとこね。心平ちゃん。あなたがここが好きなのわかる**ワ**。

（同「少しだけ片想い」『りぼん』1978年10月号）

ただ、70年代の少女マンガにおける特殊カタカナ語の使用は、今日の少女マンガにおける④それよりも、次のような意味で限定されていた。第一に、もっぱら、登場人物のモノローグに現れること、第二に、「です」「ます」のような丁寧の助動詞や、「わ」のような終助詞といった、文末の表現に偏っていることである。⑤これは、今日の少女マンガの特殊カタカナ語の使用が、登場人物のセリフに多く見られること、また、図表12に示したように、あらゆる品詞に渡っていることに比べれば、まだまだ消極的な使用に留まっていたと言わざるを得ない。陸奥Ａ子を代表とする、70年代の「乙女ちっく」少女マンガの登場人物は、「やさしい」「弱い」「やわらかい」といったイメージをまとっており、これらは、むしろひらがなのイメージと合致するものである。したがって、70年代の少女マンガにおける特殊カタカナ語の使用は、⑥そのようなイメージを壊さない程度に限定されていたのだと考えられる。

読んで理解しよう

問1 本文の内容に合うように〔　　〕から適切な言葉を選びなさい。

❶ 若者が〔a. 読む　b. 書く　c. 読み書きする〕文章の中に、本来、カタカナで表記されない語がカタカナで書かれているのを見ることがある。

❷ 例❶の「チコク」は₁〔a. ひらがな　b. 漢字〕、「オゴる」は₂〔a. ひらがな　b. 漢字のみ〕で表記されるのが普通である。

❸ 慣例的に、ひらがなまたは漢字で表記されるべきなのに、カタカナで表記される語を〔a. 外来語　b. 和製英語　c. 特殊カタカナ語〕と呼ぶ。

❹ 若者が特殊カタカナ語を使うのは〔a. 漢字を知らない　b. 誤変換が多い　c. あえてそうしている〕からだと考えられる。

❺ パソコンやケータイに搭載されているかな漢字変換システムのおかげで、漢字を書くのが〔a. 簡単に　b. 難しく　c. めんどうに〕なった。

問2 次の文が本文の内容に合っていれば○、合っていなければ×を入れなさい。×を入れたら、どこが違うのか、本文のどこを見れば分かるのかも考えよう。

❶ カタカナは慣例的に、主に欧米の言語を由来とする外来語や外国の地名や人名の表記に使われる。（　　　）

❷ 外来語は原則として名詞なので、カタカナの使用は一部の名詞の表記に限定されると言える。（　　　）

❸ 特殊カタカナ語は原則として名詞の表記に限定される。（　　　）

❹ 少女マンガの登場人物のセリフでは、カタカナは重要な役割を担っている。（　　　）

❺ 少女マンガでカタカナが多用されるのは、読者が小学生で漢字が読めないからである。（　　　）

❻ 少女マンガでは慣例的に漢字で表記される語だけにカタカナが使われる。（　　　）

❼ 筆者は、少女マンガに特殊カタカナ語が頻出するのは、読者の漢字能力以外の要因があると考えている。（　　　）

第**6**課

カタカナはどんなときに使われる？

75

問3　**本文と図表13の内容に合うように、空欄に適切なことばを入れなさい。**

❶　漢字とひらがなには対立したイメージがある。漢字が「男らしい」のに対し、ひ
らがなは「①＿＿＿＿＿＿＿＿」というイメージがある。これは②＿＿＿＿＿＿＿
時代、男が③＿＿＿＿＿＿＿な文書で漢字を使っていたのに対し、女は
④＿＿＿＿＿＿＿な文書でひらがなを使っていたからである。

❷　ひらがなは「①＿＿＿＿＿＿＿」「簡単」「やさしい」のに対し、漢字は「大
人っぽい」「②＿＿＿＿＿＿＿」「③＿＿＿＿＿＿＿」というイメージがある。
これは、ひらがなが④＿＿＿＿＿＿＿に、漢字が⑤＿＿＿＿＿＿＿に習得され
るからである。

❸　漢字はひらがなやカタカナより①＿＿＿＿＿＿＿が多いため「複雑」、ひらが
なは②＿＿＿＿＿＿＿で構成されているため「やわらかい」というイメージが
ある。これに対し、カタカナは直線で構成されているので「③＿＿＿＿＿＿＿」
というイメージを与える。

❹　カタカナは欧米の言語に由来する①＿＿＿＿＿＿＿や外国の地名や人名に使わ
れるので、「②＿＿＿＿＿＿＿」「③＿＿＿＿＿＿＿」というイメージに結びつく。
これが「日本のものは古い」という意識を生み、そのイメージを担っているの
が④＿＿＿＿＿＿＿である。

問4　**次の質問に簡潔に答えなさい。クラスメートと話し合ってもかまいません。**

❶　秋月（筆者）は、特殊カタカナ語を使用する理由は何だと考えているか。

❷　少女マンガの読者層は小学生の女子であるにも関わらず、今日の少女マンガの
世界で「女らしい」「子どもっぽい」というイメージが歓迎されないのはなぜ
か。

❸　少女マンガの主人公のイメージとカタカナがどのように合致するのか。

❹　特殊カタカナ語の使用は1970年代には始まっていたとあるが、当時の使い方
が今日の使い方とどのように違うか、2点挙げなさい。

a. ＿＿＿＿＿＿＿＿＿＿＿＿＿＿＿＿＿＿＿＿＿＿＿＿＿＿＿＿＿＿＿＿

b. ＿＿＿＿＿＿＿＿＿＿＿＿＿＿＿＿＿＿＿＿＿＿＿＿＿＿＿＿＿＿＿＿

❺　今日に比べ70年代の特殊カタカナ語の使用が限定的だった理由を、秋月はど
のように分析しているか。

問5　文章の中で下線の指示代名詞が何を指しているか簡潔に答えなさい。

❶　このような：＿＿＿＿＿＿＿＿＿＿＿＿＿＿＿＿＿＿＿＿＿＿＿＿＿＿＿

❷　これ：＿＿＿＿＿＿＿＿＿＿＿＿＿＿＿＿＿＿＿＿＿＿＿＿＿＿＿＿＿＿＿

❸　このようなイメージ：＿＿＿＿＿＿＿＿＿＿＿＿＿＿＿＿＿＿＿＿＿＿＿

❹　それ：＿＿＿＿＿＿＿＿＿＿＿＿＿＿＿＿＿＿＿＿＿＿＿＿＿＿＿＿＿＿＿

❺　これ：＿＿＿＿＿＿＿＿＿＿＿＿＿＿＿＿＿＿＿＿＿＿＿＿＿＿＿＿＿＿＿

❻　そのようなイメージ：＿＿＿＿＿＿＿＿＿＿＿＿＿＿＿＿＿＿＿＿＿＿＿

💬 クラスメートと話し合おう

1.　ひらがな、漢字、カタカナは、それぞれどのようなイメージと結びつくか、読んだことをもとに話し合ってみよう。

2.　秋月の分析によると、カタカナは「自分らしさ」を表現するために用いられるとあるが、カタカナのもつ「鋭さ」や「エッジ感」とは何か、以下の例をくらべながら、話し合ってみよう。

❶　おっそーい。15分以上チコクしたらオゴらせちゃおっ

❶'　おっそーい。15分以上遅刻したらおごらせちゃおっ

3.　マンガ本や若者向けの読み物から特殊カタカナ語を探し出し、それぞれがどのような場面で使われているか、カタカナにすることでどのような効果があるか、考えてみよう。

文法表現を学ぼう

ステップ❶

問1　（　　　）に適切な助詞を入れなさい。

❶　ふつうは漢字かひらがなで表記されるのに、カタカナ（ ① 　　　）書かれた語を特殊カタカナ語（ ② 　　　）いう。

❷　この例（ ① 　　　）分かるように、特殊カタカナ語は少女マンガの登場人物（ ② 　　　）セリフによく使われる。

❸　パソコンやケータイ（ ① 　　　）は、かな漢字変換システムが搭載されており、簡単にかな（ ② 　　　）漢字に変換することができる。

❹　特殊カタカナ語（ ① 　　　）どのように使われる（ ② 　　　）を調べてみよう。

❺　最近、インターネット上（ ① 　　　）よく使われる「ディスる」という言葉は、英語の「disrespect」（ ② 　　　）由来する。

問2　空欄に入る言葉を下から選び、文章を完成させなさい。

少女マンガで特殊カタカナ語が用いられる理由は、漢字やひらがなの与えるイメージを避けたい ①＿＿＿＿＿＿＿＿だと考えられる。②＿＿＿＿＿＿＿＿、「勉強」という表記は、漢字であるが ③＿＿＿＿＿＿＿＿「男らしい」「大人っぽい」といったイメージを与える。④＿＿＿＿＿＿＿＿、これを「べんきょう」と表記すれば、「女らしい」「子どもっぽい」といったイメージになってしまう。今日の少女マンガの世界 ⑤＿＿＿＿＿＿＿＿、このようなイメージは ⑥＿＿＿＿＿＿＿＿歓迎されない。⑦＿＿＿＿＿＿＿＿、今日の少女マンガの主人公は、「女らしさ」や「子どもっぽさ」をもった人物ではなく、「自分らしさ」を追求する人物として描かれるからだ。そのような主人公には、漢字もひらがなも似合わない。⑧＿＿＿＿＿＿＿＿登場するのがカタカナである。カタカナがもつ「鋭さ」のイメージ、⑨＿＿＿＿＿＿＿＿「エッジ感」こそが、「自分らしさ」を追求し、実践する彼女たちのイメージなのである。

そこで	しかし	から	必ずしも	つまり
ゆえに	なぜなら	たとえば	において	

♪ 文 法 ♪

『受身』を表す「れる」「られる」

動詞のタイプ	例	受身	受身＋いる	受身＋いる＋ない
う動詞	言う	言われる	言われている	言われていない
る動詞	考える	考えられる	考えられている	考えられていない
不規則動詞	歓迎する	歓迎される	歓迎されている	歓迎されていない
	来る	来られる	来られている	来られていない

例1 慣例的にはひらがなで表記されるべきなのに、カタカナで書かれている語を見ることがある。

例2 少女マンガや若い世代向けの文章に、特殊カタカナ語がよく見られる。

例3 少女マンガの世界では「女らしい」というイメージは歓迎されていない。

【練習】［　　　］の動詞を受身にしてみよう。

例 特殊カタカナ語の使用には理由があると［考える→考えられる］。

❶ 少女マンガの主人公は［守る→①＿＿＿＿＿＿＿＿］対象として［描いていない→
②＿＿＿＿＿＿＿＿＿＿＿＿＿＿＿］。

❷ 『りぼん』の読者には小学校低学年の女子が［含んでいる→＿＿＿＿＿＿＿＿］。

❸ ひらがなが先に、漢字が後に［習得する→＿＿＿＿＿＿＿＿＿］。

❹ 漢字表記には「男らしい」「複雑」「難しい」というイメージが［与えている
→＿＿＿＿＿＿＿＿］。

❺ 70年代の少女マンガにおいては、主人公の「やさしい」「弱い」「やわらかい」
といったイメージは、まだ［壊していない→＿＿＿＿＿＿＿＿＿］。

♥ 表 現 ♥

❶ ～（である）にもかかわらず　　despite that ～

例1 この語はひらがなで表記されるべきであるにもかかわらず、カタカナで表記されている。

例2 少女マンガの読者層が小学生の女子であるにもかかわらず、「女らしい」
「子どもっぽい」というイメージは歓迎されない。

❷ なぜなら、[理由（だ）] からだ　　It is because ~

　例3　特殊カタカナ語を用いる理由は、読者が漢字を知らないからではない。<u>な</u>
　　　<u>ぜなら</u>、パソコンやケータイには、かな漢字変換システムが搭載されてお
　　　り、漢字に直せないということはありえない<u>からだ</u>。

❸ [事実] ということは、[推測]（である）にちがいない

　　　　　　　　　　　　　　　　　　the fact that ~ must mean that ~

　例4　少女マンガで難しい漢字が使われていない<u>ということは</u>、対象となる読者
　　　が小学生である<u>にちがいない</u>。

　例5　漢字だけでなくひらがなで表記される語までカタカナで表記される<u>という</u>
　　　<u>ことは</u>、特殊カタカナ語の使用には別の理由がある<u>にちがいない</u>。

❹ （だ）からと言って、～というわけではない／～とは限らない

　　　　　　　　　　　　　　　　That does not necessarily mean that ~

　例6　漢字は難しい。<u>だからと言って</u>、ひらがなで表記すれば、読みやすくなる
　　　<u>というわけではない</u>。

　例7　日本語を勉強している<u>からと言って</u>、マンガが好きだ<u>とは限らない</u>。

❺ 次のように～（だ）。（まず）第一に、第二に、次に、最後に

　　　　　　　　　　　~ as follows: First, ~. Second, ~. ... Next, ~. Lastly, ~

　例8　1970 年代の少女マンガにおける特殊カタカナ語の使用は、<u>次のように</u>限
　　　定されていた。<u>第一に</u>、主に登場人物のモノローグに現れること、<u>第二に</u>、
　　　「です」「ます」「わ」のような文末に使われることである。

✎ 考えをまとめ、書いてみよう

1.　次のカタカナ語で、意味が分からないものに線を引いてみよう。

> バイリンガル、ダイバーシティ、コンテンツ、ガイドライン、ワーキング
> グループ、コンセンサス、コミットメント、フォローアップ、インバウンド、
> コンソーシアム、パンデミック、アラート、ホームステイ、ステイホーム、

オーバーシュート、プライオリティー、オンディマンド、モーニングサービス、ナイター、ベテラン、ホチキス、コインランドリー、ケータイ、ガラケー、スマホ、アルバイト、アンケート、パソコン、カラオケ、リストラ、エアコン、インフレ、レス、ディスる、ググる

2. 1で線を引いた語の意味を調べ、どのように言いかえたら分かりやすくなるか考えてみよう。

_____　→　_____

_____　→　_____

_____　→　_____

_____　→　_____

_____　→　_____

_____　→　_____

_____　→　_____

3. 上記の問題1と2の例を参考に、次の点について考えてみよう。

❶ 分かりにくいカタカナ語にはどのような特徴があるか。

　　例　長い、音が元の言語と違う、略されている、和製、など

❷ 読み物で読んだ特殊カタカナ語も含め、カタカナを使う動機は何だと考えるか。

❸ 最近、意味のよく分からないカタカナ語が多用されすぎているので、規制すべきだという意見がある。カタカナ語を規制することに対しどう考えるか。

❹ 反対に、カタカナ語は日本語を豊かにし、必要性がなくなると自然に消えてしまうので、特に規制する必要はないという意見もある。これに対しどう考えるか。

4. 上記の問題1から3で考えたことをもとに、以下のような題材で文章を書いてみよう。本文で学んだ表現や、「表現を使おう」《⇨巻末》に出てくる表現をできるだけたくさん使ってみよう。

❶ 意味がよく分からないカタカナ語にはどのような特徴があるか。

❷ 慣例的にはひらがなや漢字の言葉があるにも関わらず、あえてカタカナ語を使う動機は何か。

❸ 意味の分からないカタカナ語の使用を規制すべきだ。

❹ カタカナは表現の幅を広げ、日本語を豊かにしている。

👤 発表しよう

上で書いた文章の内容をクラスで発表してみよう。聞き手がおもしろいと思う
発表にするために、同じような内容でも、話の展開、表現方法を書くときとは
どのように変えたらいいか考えてみよう。

⬆ 発展させよう

1. 外来語は原則として名詞だとされているが、「サボる」「メモる」「ディスる」の
    ように動詞として使われたり、「クールな」「シンプルな」のように形容動詞と
    して使われたりすることがある。自分の読みたいと思う文章から、外来語のカ
    タカナ語で、名詞以外の使い方を書き出し、意味や用法をまとめてみよう。

2. カタカナ語は長いので、短くされることが多い。次の例からカタカナ語の略し
    方に何か規則があるか考えてみよう。規則を見つけたら、他の略語にも当ては
    まるか調べてみよう。さらに、その規則に合わない例も探してみよう。

コンビニエンスストア	→	コンビニ
プレゼンテーション	→	プレゼン
デジタルカメラ	→	デジカメ
セクシャルハラスメント	→	セクハラ
コスチュームプレイ	→	コスプレ
アイスクリーム	→	アイス
マイクロフォン	→	マイク
スマートフォン	→	スマホ
フリーマーケット	→	フリマ
アポイントメント	→	アポ
デモンストレーション	→	デモ

第 **7** 課

CHAPTER.7

擬音語・擬態語はおもしろい

第 **7** 課

読み物

山口仲美「擬音語・擬態語に魅せられる」
『犬は「びよ」と鳴いていた』光文社2002

1. 好きな／知っている擬音語・擬態語を書き出し、それぞれ文を作ってみよう。

好きな擬音語・擬態語	どのように使いたいか

2. 次の擬音語・擬態語がどんな場面で使われるか、空欄に入れながら考えてみよう。
   それぞれ、どのような音や状態を表しているかも話し合ってみよう。

はらはら　　コケコッコー　　もじもじ　　キャッキャッ　　あざあざ
つやつや　　うるうる　　チンチン　　ゆらゆら　　ワンワン　　つるつる

❶ 夏の暑い日、子ども達がプールで＿＿＿＿＿＿＿と楽しそうに遊んでいた。

❷ ろうそくの炎が＿＿＿＿＿＿＿と揺れていた。

❸ 雪道が＿＿＿＿＿＿＿になっているので、気をつけなさい。

❹ 言いたいことがあったら＿＿＿＿＿＿＿しないで、はっきり言ってください。

❺ 路面電車は、合図にベルを使うので＿＿＿＿＿＿＿電車と呼ばれている。

❻ あの子は危ないことばかりするので、＿＿＿＿＿＿＿して見ていられない。

❼ あまりに感動的な話を聞いて、目が＿＿＿＿＿＿＿してきた。

❽ 日本語では、犬は①＿＿＿＿＿＿＿と鳴き、鶏は②＿＿＿＿＿＿＿と鳴く。

❾ 平安時代の女性にとって、＿＿＿＿＿＿＿とした黒髪が美人の条件だった。

❿ 源氏物語では、紫の上の鮮やかな美しさは「＿＿＿＿＿＿＿」という擬態語で描写されている。

読み物

擬音語・擬態語に魅せられる

山口仲美『犬は「びよ」と鳴いていた』光文社 2002

1 昔のものほど面白い

擬音語・擬態語は、現代語ですと、たいていの日本人には意味を説明する必要がありません。音が意味に直結しているから、日本語の中で育った人には意味は自明です。でも、外国人には難しい。この間も、外国人留学生に「もじもじしないで聞きたいことがあったら、聞いてください」と言ったら、「もじも

5 じってなんですか?」って聞き返されました。その場にいた外国人留学生たちは、口を揃えて日本人のよく使う擬音語・擬態語の意味が分からなくて困ると言っていました。日本人にとっては、現代の擬音語・擬態語は意味の自明な言葉なんですが、外国人には難しい。

10 でも、実は日本人にとっても、昔の擬音語・擬態語になると、意味がつかみにくい。室町時代の資料には「月のうるうるとして碧雲の間より出た…」(『江湖風月集抄』) とか「東方に朝日がつるつると出たれば」(『毛詩抄』) などと出てきます。「うるうる」も「つるつる」も、現代語にもありますが、意味が違っています。現代人から見ると、なんか変だなっていう感じがする。でも、

15 ①こういうのは、まあ昔は意味が違っていたんだろうと思うぐらいで、まだ納得しやすい。なかには、存在そのものが信じられない擬音語・擬態語があります。

私が、一番最初にひっかかったのは、平安時代の『大鏡』に出てくる犬の声です。「ひよ」って書いてある。頭注にも、「犬の声か」と記してあるだけなん

20 です。私たちは、犬の声は「わん」だとばかり思っていますから、「ひよ」と書かれていても、にわかには信じられない。なまじ意味なんかわかると思い込んでいる言葉だけに、余計に信じられない。雛じゃあるまいし、「ひよ」なんて犬が鳴くかって思う。でも、気になる。②これが、私が擬音語・擬態語に興味をもったきっかけでした。

第7課 擬音語・擬態語はおもしろい

85

犬は「びよ」と鳴いていた

　調べてみますと、江戸時代まで日本人は犬の声を、「びよ」とか「びょう」と聞いていたんですね。犬の声の出ている『大鏡』の写本には、濁点がありません。というより、昔は濁音を清音ときちんと区別して表記しないから、清音で読むのか濁音で読むのか分からない。ですから、校訂者も「ひよ」と清音のまま記しておいたのでしょう。当時の実際の発音を再現するとしたら、「びよ」にした方がいいですね。③ここで、私は悟った。昔の擬音語・擬態語は、現代語と違って調べて見ない限り分からない。そして、調べてみると、意外な事実が次々に明るみに出る。これは、やりがいがある。私が擬音語・擬態語研究にのめりこんでいった理由の一つです。

　じゃあ、鶏の声はどうか？　鶏の声は、現在は「こけこっこー」ですね。でも、昔の文献を丹念にたどって行きますと、江戸時代は「東天紅（とうてんこう）」と聞いていたことが明らかになってくる。「とっけいこう」「とってこう」なんていう鶏の声もある。じゃあ、もっと遡った時代はなんて聞いていたのか？　そもそも「こけこっこー」と聞きはじめたのはいつからなのか？

　こうして動物の声を写す擬音語の歴史を追求し出しました。誰も研究していませんでしたから、次々に知られざる事実が明らかになってくる。ついに私は、④それらのことをもとに本を書いてしまいました。『ちんちん千鳥のなく声は―日本人が聴いた鳥の声―』（大修館書店）です。十年余り前のことです。この本は、動物の声のうちでも、鳥の声に焦点を当てたものです。

　今回は、第一部では、擬音語・擬態語の性質についての究明を行いますが、第二部では、鳥以外の動物、犬・猫・鼠・牛・馬・狐・モモンガ・ツクツクボウシなどの鳴き声の歴史を追求してみます。

鳴き声の変遷で分かる猿と人間の関係

　こういうことを追求しますと、文化史が見えてくる。例えば、江戸時代では梟が身近にいたから梟の鳴き声で明日の天気を占ったりしている。「のりすりおけ」（＝糊を摺って用意しなさい）と聞こえるように鳴くと翌日は晴れなんです。「のりとりおけ」（＝糊をとっておきなさい）と聞こえると、雨なんです。実際は、区別がつかなかったでしょうけど、当時の人が梟の声を聞いて楽しんでいたことは分かる。つまり、梟が日常的なレベルで人々に関心をもたれてい

た。ところが、現在はどうかといいますと、梟の声なんか聞きたくったって耳に出来ない。梟の存在から遠く引き離された現在の文化のありようが浮かび上がってきます。

　また、猿の声。『常陸国風土記』では、猿の声を「ココ」と聞いています。でも、猿を見世物にしはじめた室町時代からは、猿の声は「キャッキャッ」と写すようになっています。これは、猿の声が変わったわけではないんです。「ココ」は、猿が食べ物を食べている時の満足そうな声を写したもの。「キャッキャッ」は、猿が恐怖心を抱いた時に出す鳴き声を写したものなんです。「ココ」から「キャッキャッ」に変化したところには、猿と人間の付き合いの文化史が浮かび上がってきます。[中略]

『源氏物語』の美しい擬態語

　今、『源氏物語』が出ましたが、『源氏物語』の作者もただ者ではない使い方をしています。擬音語・擬態語は、普通、場面を生き生きとさせるために使うのですが、『源氏物語』には、全く違った使い方が見られます。結論を先に言えば、登場人物を造型するために擬態語を使うことがあるのです。

　例えば、『源氏物語』前編の女主人公の紫の上は、「あざあざ」という擬態語でその人柄が象徴されています。

　　来し方あまりにほひ多くあざあざとおはせしさかりは、　（『源氏物語』御法）

　紫の上の盛りの美しさを形容している箇所です。「あざあざ」というのは、色彩が鮮明で目のさめるような派手やかさを意味する擬態語。『源氏物語』初出の語ですが、紫の上という特定の人物の形容だけにこの語を用いています。

　また、「けざけざ」という擬態語があります。これも、『源氏物語』初出の擬態語。すっきりと際立つ感じの美しさを表す語ですが、これは、図２に示した玉鬘という美人で賢い女性にだけ使っています。「おぼおぼ」という擬態語もあります。ぼんやりしていることを表しますが、この語は正体のつかみにくい浮舟という女性にだけ使われています。そのほか、「たをたを」「なよなよ」「やはやは」も、いずれも特定の登場人物にのみ用いられています。つまり、擬態語を登場人物の人柄を象徴させる方向で使ってしまうわけです。技ありと

思わず舌を巻いてしまうほど、巧みな使い方です。

『源氏物語』では、黒髪の形容すら人物造型の方向で使われています。『源氏物語』には、黒髪の描写として「つやつや」と「はらはら」と「ゆらゆら」の三種の擬態語が出てきます。この三種の擬態語は、どれも髪の美しさをあらわすのですから、美しい髪なら、誰に使ってもいいはずです。事実、『源氏物語』以外の作品では、長い髪の女性なら、だれかれかまわず、三種の語をまぜこぜに使っています。ところが、『源氏物語』は、違うんです。「つ

図2 恥ずかしそうにうつむいて横顔をみせている女性が、「けざけざと」際立つ美しさをもった玉鬘
(『絵本源氏物語』東京大学文学部国文学研究室所蔵)

やつや」で、黒髪の光沢美をたたえられるのは、女主人公格の女性に限られています。一方、「はらはら」で黒髪のこぼれかかる美しさを形容される人物は、美しいけれど脇役的な性格をもつ女性に限られる。

「つやつや」は、髪の毛自体の美しさを意味し、それは繕わなくても整い輝く天性の美です。「はらはら」は、髪の毛自体の美しさというより、衣服や枕や顔といった他の物が介在し、⑤それとの調和によってもたらされた二次的な美です。『源氏物語』の作者は、天性の美を二次的に生み出された美よりも上位におき、「つやつや」を女主人公格の女性にのみ使用して区別しているのです。

「ゆらゆら」は、小さな子供の髪の美しさに用いています。子供の髪は短いし、子供はよく動きますからね。区別して使った理由がよく分かる。他の作品では、「ゆらゆら」も女性の黒髪の美しさの形容に使い、区別していません。こんなふうに、『源氏物語』では擬態語を区別して使用することで人物造型までしっかりすませてしまう。⑥ここまで擬音語・擬態語を生かせるのは、天才ですね。ただ者ではない。

⑦こんなふうに、擬音語・擬態語は、昔に遡ると、目を見張ることばかりです。だから、私は擬音語・擬態語の虜になってしまったのです。

読んで理解しよう

問1　次の文が本文の内容に合っていれば○、合っていなければ×を入れなさい。×を入れたら、どこが違うのか、本文のどこを見れば分かるのかも考えよう。

❶ 日本人のほとんどが擬音語・擬態語の意味は自明だと考えている。（　　）

❷ 外国人にとって擬音語・擬態語は分かりやすい言葉のようだ。（　　）

❸ 「もじもじ」とは何かをしようかどうか迷っている様子を表すようだ。（　　）

❹ 昔の擬音語・擬態語でもほとんどの擬音語・擬態語の意味は自明だ。（　　）

❺ 室町時代の資料に出てくる「うるうる」や「つるつる」の意味が分かりにくいのは現代では使われていないからだ。（　　）

❻ 筆者によると、同じ動物でも時代によって鳴き声が違っていたようだ。（　　）

❼ 筆者が擬音語・擬態語の研究を始めたきっかけは犬の鳴き声だった。（　　）

問2　本文の内容に合うように［　　］から適切な言葉を選びなさい。

❶ 『大鏡』に出てくる犬の鳴き声は①［a. ひよ　b. びよ　c. びょう　d. ワン］だが、昔の表記には②［a. 清音　b. 濁点　c. 区別］がないので実際の発音は分からない。

❷ 筆者によると、現代語の擬音語・擬態語は調べ①［a. たら　b. なくても　c. ないと］分かるが、昔のものは調べ②［a. ても　b. なくても　c. ないと］分からない。

❸ 筆者が擬音語・擬態語研究にのめりこんだのは、［a. 思った通りの　b. 思いもしなかった］事実が次々と出てきたからである。

❹ 鶏の声は現代では①［a. こけこっこー　b. 東天紅　c. とっけいこう　d. とってこう］だが、江戸時代②［a. も同じ　b. は違う］ように聞いていたことが分かった。

❺ 筆者は十年前に［a. 犬　b. 猫　c. 鼠　d. 牛　e. 馬　f. 狐　g. 鳥］の声に焦点を当てた擬音語の歴史の本を出版した。

問3　本文の内容に合うように、空欄（くうらん）に適切な言葉を入れなさい。

❶ 擬態語の歴史を追求すると＿＿＿＿＿＿＿が見えてくる。

❷ 江戸時代の人々にとって梟（ふくろう）は①＿＿＿＿＿＿＿存在で、その鳴き声で翌日の天

第7課　擬音語・擬態語はおもしろい

気を②＿＿＿＿＿＿＿いた。「のりすりおけ」と③＿＿＿＿＿＿＿、翌日の天気
が晴れで、「のりとりおけ」だと雨である。

❸　梟の声を調べると、江戸時代の人々は梟に①＿＿＿＿＿＿＿があったが、現在
の文化は梟の存在から②＿＿＿＿＿＿＿ことが分かる。

❹　猿の声は、①＿＿＿＿＿＿＿時代より前は「ココ」と記されていたが、猿を
②＿＿＿＿＿＿＿にしはじめてから「キャッキャッ」と写すようになった。

❺　「ココ」は猿の①＿＿＿＿＿＿＿声を写したものだが、「キャッキャッ」は猿が
②＿＿＿＿＿＿＿を抱いたときの鳴き声である。

❻　猿の声が①＿＿＿＿＿＿＿したということは、猿と人間の②＿＿＿＿＿＿＿が
変わったことを意味する。

問4　**次の質問に簡潔に答えなさい。クラスメートと話し合ってもかまいません。**

❶　筆者が『源氏物語』の擬音語・擬態語の使い方が天才的だと感じる理由は何か。

❷　『源氏物語』の中で「あざあざ」はどのように使われているか。

❸　次の擬態語はそれぞれどのように使われているか。

　　　「けざけざ」

　　　「おほおほ」

❹　黒髪の描写として使われる次の擬態語は、『源氏物語』の中ではどのように使
われているか。

　　　「つやつや」

　　　「はらはら」

　　　「ゆらゆら」

❺　黒髪の形容を区別することで、『源氏物語』の作者は何を表現しているのか。

問5　**文章の中で下線の指示代名詞が何を指しているか簡潔に答えなさい。**

❶　こういうの：＿＿＿＿＿＿＿＿＿＿＿＿＿＿＿＿＿＿＿＿＿＿＿＿＿＿＿

❷　これ：＿＿＿＿＿＿＿＿＿＿＿＿＿＿＿＿＿＿＿＿＿＿＿＿＿＿＿＿＿＿＿

❸　ここ：＿＿＿＿＿＿＿＿＿＿＿＿＿＿＿＿＿＿＿＿＿＿＿＿＿＿＿＿＿＿＿

❹　それらのこと：＿＿＿＿＿＿＿＿＿＿＿＿＿＿＿＿＿＿＿＿＿＿＿＿＿＿＿

❺　それ：＿＿＿＿＿＿＿＿＿＿＿＿＿＿＿＿＿＿＿＿＿＿＿＿＿＿＿＿＿＿＿

❻　ここまで：＿＿＿＿＿＿＿＿＿＿＿＿＿＿＿＿＿＿＿＿＿＿＿＿＿＿＿＿＿

❼　こんなふうに：＿＿＿＿＿＿＿＿＿＿＿＿＿＿＿＿＿＿＿＿＿＿＿＿＿＿＿

💬 クラスメートと話し合おう

1. 山口（筆者）は擬音語・擬態語は昔のものほど面白いと述べているが、現代の日本語で面白いと思うことは何か。

2. 山口は擬音語・擬態語は外国人には難しいと述べているが、本当にそう思うか。もし難しいなら、どのように学習したらいいだろうか。

3. 自分の言語の擬音語・擬態語を書き出し、どのような意味で、どのように使われるか説明してみよう。

🔗 文法表現を学ぼう

ステップ❶

問1　（　　　）に適切な助詞を入れなさい。

❶ 擬音語・擬態語は外国人（①　　　）は難しいが、日本人（②　　　）見ても意味がつかみにくいものもある。

❷ 『大鏡』には犬の声が「ひよ」（①　　　）記されているが、犬がそんな声（②　　　）鳴くとは思えない。

❸ 昔の表記は濁音を清音（①　　　）区別しないので、「ひよ」と読むの（②　　　）、「びよ」と読むの（③　　　）分からない。

❹ 古典の擬音語・擬態語は、筆者が始めるまで誰（　　　）研究していなかった。

❺ 「つやつや」は天性の美しさ（①　　　）用いられ、「はらはら」は二次的な美（②　　　）意味し、「ゆらゆら」は子どもの髪の美しさ（③　　　）限られる。

問2　空欄に入る言葉を下から選び、文章を完成させなさい。

　　『源氏物語』の作者は、読む人を虜にしてしまう①＿＿＿＿＿＿＿擬態語の使い方が巧みだ。例えば、「つやつや」「はらはら」「ゆらゆら」はどれも髪の美しさを表す擬態語だが、美しい髪なら誰に使ってもいいという②＿＿＿＿＿＿＿。天性の

美を意味する「つやつや」は、主人公格の女性③＿＿＿＿＿＿＿用いられる。一方、「はらはら」は衣服や枕などとの調和④＿＿＿＿＿＿＿生じた二次的な美しさを表し、脇役的な女性⑤＿＿＿＿＿＿＿使われない。「ゆらゆら」で形容されるのは子どもの髪⑥＿＿＿＿＿＿＿。つまり、擬態語で登場人物の人柄が象徴されているのである。このような面白さは『源氏物語』を読んでみない⑦＿＿＿＿＿＿＿分からない。

によって　　に限られる　　ほど　　にのみ　　わけではない　　限り　　にしか

ステップ❷

♪ 文 法 ♪

『否定』を表す「ぬ（ん）」「ず」「ね」「ざる」は、古語の『打消（うちけし）』を表す「ず」から来ているが、活用が古語と違うので注意しよう。

		未然（みぜん）	連用（れんよう）	終止（しゅうし）	連体（れんたい）	已然（いぜん）
現代語	ぬ（ん）		ず	ぬ（ん）	ぬ（ん）	ね
			言わずに	言わぬ	言わぬ人	言わねば
	ない	なかろ	なかっ なく	ない	ない	なけれ
		言わなかろう	言わなかった 言わなくなる	言わない	言わない人	言わなければ
古語	ず		ず	ず	ぬ	ね
	補助活用	ざら	ざり		ざる	ざれ

❶　もじもじせずに何でも聞いてください。　　　　　　　　　　［連用］
❷　思わず舌を巻いてしまうほど巧みな擬態語の使い方だ。　　　［連用］
❸　私にはさっぱり分からん。　　　　　　　　　　　　　　　　［終止］
❹　予期せぬことが起きた。　　　　　　　　　　　　　　　　　［連体］
❺　これは許されざる行為（こうい）だ。　　　　　　　　　　　［連体］
❻　『源氏物語』の作者は天才だと言わざるをえない。　　　　　［連体］
❼　明日までにやらねばならない。　　　　　　　　　　　　　　［已然］

【練習 1】 ［　　］から適切な形を選び、下線部を「ない」を使って言い換えなさい。

例　美しい髪の女性なら、だれかれかまわ［a. ぬ　(b. ず)　c. ね］、「つやつや」を
　　使っていいはずだ。　　　　　→ かまわないで／関係なく

❶　心のうちを言え［a. ぬ　b. ず　c. ね］にじっと思いを心に抱いている。
　　　　　　　　→

❷　『源氏物語』は絶対に外せ［a. ぬ　b. ず　c. ね］作品だ。
　　　　　はず　　　　→

❸　擬態語を研究するなら古典を読ま［a. ぬ　b. ず　c. ね］ばならない。
　　　　　　　　→

❹　次々と知られ［a. ざる　b. ず　c. ね］事実が明らかになった。
　　　　　　　　→

❺　様々な事情からオリンピックを延期せ［a. ざる　b. ず　c. ね］をえなかった。
　　　　　　　　えん き　　　→

【練習 2】 下線部を「ぬ」「ず」「ね」「ざる」を使って言い換えなさい。

例　朝、寝過ごして、朝食を食べないで出勤した。
　　　　　　　　→ 食べずに

❶　光源氏は何も言わないで出て行った。
　　　　　　　　→

❷　明日までに絶対にこの仕事を仕上げなければならない。
　　　　　　　　→

❸　時間がないので、あきらめなければならなかった。
　　　　　　　　→

❹　『今昔物語集』は絶対に見逃せない作品だ。
　　　こんじゃく　　　　み のが　　　→

❺　働かない者は、食うべきではない。
　　　　　　　　→

ᘺ 表 現 ᘺ

❶　［V / Ad / N］ほど　　　the more ~, the more
　　［～する］ほど　　　　to the extent that ~
　　例1　擬音語・擬態語は昔のものほど面白い。

第 7 課　擬音語・擬態語はおもしろい

（例2）　『源氏物語』の作者は、舌を巻いてしまう<u>ほど</u>、擬態語を巧みに使う。

❷　［節］のは、～だ　　　　　It is ~ that [clause]

　　［節］のは、～からだ　　　The reason why ~ is that [clause]

（例3）　私が最初に興味をもっ<u>たのは</u>、平安時代の『大鏡』に出てくる犬の声<u>だ</u>。

（例4）　私が擬音語・擬態語の研究を始めた<u>のは</u>、古典には現代のとは違うものが

　　　　　たくさん出てくる<u>からだ</u>。

❸　～ない限り　　　unless ~

（例5）　昔の文献に出てくる擬態語は<u>調べてみない限り</u>分からない。

❹　～に限られる　　be limited to

（例6）　「つやつや」で黒髪の美しさを表現できるのは、女主人公<u>に限られる</u>。

（例7）　「はらはら」で美しさが形容される人物は、脇役的な女性<u>に限られる</u>。

❺　A というより B　　　B rather than A

（例8）　「はらはら」は天性の美しさ<u>というより</u>、二次的な美しさを表す。

（例9）　猿の鳴き声が「ココ」から「キャッキャッ」になったのは、猿の声が変

　　　　　わった<u>というより</u>、猿と人間の付き合い方が変わったからだ。

✎ 考えをまとめ、書いてみよう

1.　日本語は擬音語・擬態語が豊富な言語だと言われている。下は様々な歩き方を
　　擬態語で表した例だが、なぜ日本語にはこんなに多くの擬態語があるのか考え
　　てみよう。

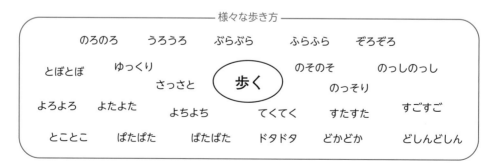

様々な歩き方

のろのろ　　うろうろ　　ぶらぶら　　ふらふら　　ぞろぞろ

とぼとぼ　ゆっくり　　　　　　　　　　のそのそ　　のっしのっし

　　　さっさと　　　歩く　　　　のっそり

よろよろ　よたよた　　よちよち　　てくてく　　すたすた　　すごすご

とことこ　ぱたぱた　　ばたばた　　ドタドタ　　どかどか　　どしんどしん

2. よく似た擬音語・擬態語には濁点のついたものとついていないものがある。次の文で［　　］から適切だと思う方を選び、濁点がつくと意味がどう変わるか考えてみよう。

❶　壊れるから、そんなにドアを［トントン／ドンドン］叩かないでください。

❷　あやちゃんに肩を［トントン／ドンドン］叩いてもらうと気持ちがいい。

❸　一年生の子どもたちはうれしさで目が［キラキラ／ギラギラ］している。

❹　あいつの目は［キラキラ／ギラギラ］していて、何か悪いことでもしそうだ。

❺　ケンさんみたいに日本語が［ペラペラ／ベラベラ］に話せるようになりたい。

❻　いらないことを［ペラペラ／ベラベラ］話すな！

❼　ゆきさんの髪は［さらさら／ざらざら］で美しい。

❽　水仕事で手が［さらさら／ざらざら］だ！ハンドクリームをつけなきゃ。

❾　［ふかふか／ぶかぶか］の布団で、気持ちよく寝ることができた。

❿　このシャツ、大きすぎて［ふかふか／ぶかぶか］だ！

⓫　［キャーキャー／ギャーギャー］文句ばかり言っても、誰も聞いてくれないよ。

⓬　アイドルの登場にファンが［キャーキャー／ギャーギャー］騒いでいる。

3. 本文で学んだ表現、「表現を使おう」《⇨巻末》に出てくる表現をできるだけたくさん使って、1または2で考えたことを文章にまとめてみよう。

発表しよう

上で書いた文章の内容をクラスで発表してみよう。聞き手がおもしろいと思う発表にするために、同じような内容でも、話の展開、表現方法を書くときとはどのように変えたらいいか考えてみよう。

日本の漫画は擬音語・擬態語の宝庫だと言われている。また、多くの漫画が様々
な言語に訳され、世界中の人々に読まれている。好きな漫画を一つ選び、原本
（日本語版）で使われている擬態語が、訳本ではどのように表現されているか調
べてみよう。例えば、静かな状態を表す「シーン」という擬態語は、他の言語
ではどのように訳されているだろうか。興味深いと思ったことをまとめて文章
にしたり、発表したりしよう。

第 **8** 課

CHAPTER.8

ことばは変化する

第 **8** 課

読み物

井上史雄「ラ抜きことばの背景」
『日本語ウォッチング』岩波書店1998

1. **下線部の表現はどのような意味か、クラスメートと話し合ってみよう。**

   ❶ 夜コーヒーを飲むと<u>寝られなく</u>なるんです。

   ❷ お疲れのようですね。ここで、1時間ほど<u>寝られ</u>たらどうですか。

   ❸ 静かな音楽をかけるとぐっすり<u>寝られ</u>ますよ。

   ❹ 疲れているのはわかるが、きみにここで<u>寝られる</u>と、ぼくが困るんだよ。

   ❺ ここから富士山が<u>見られ</u>ます。

   ❻ 私はいつも少し若く<u>見られ</u>ます。

   ❼ オリンピックはどのチャンネルで<u>見られ</u>ますか。

   ❽ ご家族の方々はスポーツ番組をよく<u>見られる</u>んですか。

2. **次の動詞のペアで、右側の太字の動詞を「ラ抜きことば」という。なぜそう呼ばれるか考えてみよう。**

   ❶ 寝られる　→　**寝れる**　　❷ 起きられる　→　**起きれる**

   ❸ 着られる　→　**着れる**　　❹ 見られる　→　**見れる**

   ❺ 食べられる　→　**食べれる**　　❻ 来られる　→　**来れる**

3. **下線部の「ラ抜きことば」を使ってもかまわない文には○、そうでない文には×をつけなさい。○をつけた文で、「ラ抜きことば」がどのような意味で使われているか考えてみよう。**

   ❶ 夜コーヒーを飲むと<u>**寝れなく**</u>なるんです。（　　　）

   ❷ お疲れのようですね。ここで、1時間ほど<u>**寝れ**</u>たらどうですか。（　　　）

   ❸ 静かな音楽をかけるとぐっすり<u>**寝れ**</u>ますよ。（　　　）

   ❹ 疲れているのはわかるが、きみにここで<u>**寝れる**</u>と、ぼくが困るんだよ。（　　　）

   ❺ ここから富士山が<u>**見れ**</u>ます。（　　　）

   ❻ 私はいつも少し若く<u>**見れ**</u>ます。（　　　）

   ❼ オリンピックはどのチャンネルで<u>**見れ**</u>ますか。（　　　）

   ❽ ご家族の方々はスポーツ番組をよく<u>**見れる**</u>んですか。（　　　）

ラ抜きことばの背景

井上史雄『日本語ウォッチング』岩波書店 1998

1 ## ラ抜きことばはどう広がったか

　身のまわりで話されている何げないことばを心にとどめ、その背景を探って
みると、意外に奥行きが深く、面白い。①その筆頭は、「ラ抜きことば」である。
従来は「見ることができる」「食べることができる」は「見られる」「食べられ
5 る」と言われていたが、最近「見れる」「食べれる」という言い方が耳につく。
そして「ラ抜き」というあだ名までつくようになった。［中略］

明晰化という変化理由

　以上見たように、ラ抜きことばは少しずつ広がってきた。歴史的にも、方言
的にも、個々の動詞でも、使用場面でも、気づかないうちにじわじわ勢力を広
10 げてきた。ことばの変化が一度に起こるのでなく少しずつ進むのだということ
が、よく分かる。最近ある程度まで増えたので、一般の人には急にめだって感
じられたのだろう。非難する声が新聞の投書欄や識者のエッセイなどにときど
き出る。

　ただし、年を追って非難と弁護の論調に変化が見られる。以前は乱れとして
15 非難する声が圧倒的で、「日本語は崩壊した」「若者は堕落した」などと悲観的
に考える人さえいた。ところが近年は、合理的だとか、歴史的必然だとかいう
ラ抜きことば擁護論がめだってきた。世間でのラ抜きことばの使用率と対応関
係がありそうで、実際の使われ方と世論が並行的に変わるところも、見ていて
興味深い。

20 　これほどまでにラ抜きことばが広がってきたのには、二つの理由がある。一
つは可能の言い方と他の言い方の区別ができること、もう一つは動詞の活用が
整うことだ。

　まず、可能の言い方との区別について考えよう。ラ抜きことば弁護論の論拠
の一つは、受け身としての「見られる」と可能としての「見れる」で区別がで
25 きて便利だという意見である。ことばの明晰化に向かう言語変化といえる。

第8課
ことばは変化する

②これを根本的に説明するには、古代にまで歴史をさかのぼる必要がある。古語の助動詞ル・ラルには「自発・受け身・尊敬・可能」の四種の用法があり、機能が多すぎた。こんなに多いと、どの意味で使われているのか分からず、時には誤解のおそれがある。その子孫である現代口語のレル・ラレルという助動詞では、さまざまな形で整理が進んだ。まず自発の用法は、「当選確実と見られる」のようなとき以外、あまり使われなくなった。それでもまだ、可能・受け身・尊敬の用法が同じ言い方になり、「そこでも見られますよ」「いつでも着られます」のような言い方は、理論的には、いろいろな意味にとられる。そこで、可能のばあいに「見れます」「着れます」を採用すれば、レル・ラレルは受け身か尊敬の意味しかなくなり、誤解のおそれが減る。ラ抜きことばの誕生によって可能の言い方が別になり、レル・ラレルという助動詞の機能はさらに軽減されて、受け身と尊敬だけの役割になるわけだ。

このようにラ抜きことばを使えば可能と受け身との区別ができて合理的だとは、ラ抜きことば弁護論でよく言われる。しかし、むしろ尊敬との区別のために、ラ抜きことばが広がったとも考えられる。方言の分布を考えよう。受け身のラレルは全国どこでも使われる。だから、受け身と区別するためなら、ラ抜きことばは全国どこでも生れていいはずである。なのに近畿地方をかこむ地域でいち早くラ抜きことばが生れたのは、別の原因があったからと考えられる。

前にみた方言分布から思いつくのは、ラ抜きことばを先に採用した地域では、尊敬表現にレル・ラレルをよく使うことである。「先生見られますか」「（何時に）起きられますか」のように言う。東京の敬語なら「ごらんになりますか」「（何時に）お起きになりますか」の方が自然だ。レル・ラレルによる敬語を使う地域とラ抜きことばを使う地域は、中国地方などで、分布地図で見るとかなり重なっている。東京付近でも同じような重なりあいがあり、関東地方の方言分布地図（大橋 1974）によると、神奈川県で尊敬にレルをよく使うが、ラ抜きことばの受け入れも早かった。また敬語のレル・ラレルは、まず東京山の手に入ってきた。そこではラ抜きことばも早く使われた。

逆に、北関東から東北地方にかけては、ラ抜きことばがそれほど行き渡っていないが、ここはレル・ラレルによる敬語を使わない地域だ。東日本にはさらに自発の意味で「話しを聞いて泣かさった（＝泣けた）」のような言い方を使うところもある。つまり、レル・ラレルの用法は、受け身と可能にしぼられる。

だから、北関東・東北では、可能のための特別な言い方、ラ抜きことばを採用する必要がそれほど感じられなかったのだ。③これで、全国的な方言分布の説明がつく。

　ことばの指す論理的内容を伝えるという観点からいうと、可能と重なって都合が悪いのは、受け身だ。しかしことばに関わる情緒的な機能からいうと、困るのは尊敬と可能が混同されることだ。尊敬のつもりで「先生、見られますか」と言ったのに、可能の「見ることができるか」の意味にとられて、「目上の人の能力を問うとは失礼だ」などと叱られてはかなわない。可能で「見れる」を使うようになれば④このような誤解は起こらない。可能と尊敬は、人間関係がからむだけに、形の上で区別がある方が望ましいのだ。一見関係なさそうな敬語と、ラ抜きことばは根本で関わりあっていたのである。［中略］

ラ抜きことばと動詞の活用

　ラ抜きことばが広がった理由の二つ目、動詞活用の整備について考えよう。

　「文法」というと、分かりきったことを暗記させる科目で、たいていの人が退屈な授業の筆頭にあげる。文法など知らなくても日本語は話せるし使える、というのが、一般の考えだ。しかし、ラ抜きことばについて考えてみると、どうもわれわれは、ことばを使っているときに無意識のうちに文法に従っているようだ。「見れる」などに限らず、動詞の可能の言い方全体に考察を広げると、あんなに退屈だった文法の活用規則に合った形で、歴史的変化が進んでいることが分かる。筆者自身、⑤これを知ったときには、感動を覚えた。以下でくわしく説明しよう。

　まず、ラ抜きことばがこれまでにたどった歴史の道筋をまとめてみよう。背景を含めて全体を眺めわたすことにする。

　「……することができる」という可能の意味を表わすには、昔は助動詞のル・ラルの系統を付けるのが主流だった。「読む」でいうと、奈良時代以来「読まゆ」「読まる」「読まるる」「読まれる」などと言っていた。この系統は今でも各地の方言に残っている。ほかに「え読まず」のような言い方もあり、「よう読まん」と形を変えて今も西日本で使われている。また動詞に「得る」を付ける「読み得る」「読み得た」などの系統もあった。

　ラ抜きことばの源泉には諸説があるが、そもそものきっかけは、ラの脱落と

は一見関係がない。室町時代に出た「読むる」「読めた」のような言い方が先祖だといわれる。方言の分布や国語史の資料からみて、すでに使われていた「知れる」などの自動詞を出発点にして生じたか、または「読み得る」「読み得た」を短くしたのだろう。つまり「読む」のような五段活用のほんの一部の動詞で、まず相手の意図が分かったときの「読めた！」のような短い言い方が生れたのがきっかけだった。五段活用動詞というのは、「書か＋ない」のように、否定の表現を作るときにア段＋ナイになる動詞で、古典文法では「四段動詞」と教えていたものである。

　この新しい、短い可能表現は、ほかの五段活用動詞にも広がった。「読める」が典型だったが、それに引かれたか「書ける」のような言い方も出た。江戸時代を通じて、さらに他の五段活用動詞にも少しずつ広がった。「動かれる」が「動ける」に、「走られる」が「走れる」になどと、⑥この類の動詞が江戸時代後半に増え、明治にかけて、ほぼすべての五段動詞に、この短い言い方が広がった。［中略］

　というわけで、ことばにより遅速があり、例外があるものの、300年前後かかって明治・大正期には、ほぼすべての五段動詞で新しい可能の言い方が成立していた。

　さて、五段活用動詞に普及した段階で、今度は五段動詞以外にも広がる気配が見えた。それこそが先に述べた「見れる」などのラ抜きことばなのだ。

　まず、カ行変格活用動詞の「来る」に影響が及んで、「来られる」から「来れる」が生じた。「来る」という動詞の活用は複雑で、例外的な不規則活用パターンを示し、しかもこのパターンにはたった一語しか所属しない。仲間がなくて孤立しているので、五段動詞のすぐ次に変化を起こしたのだろう。次に述べる一段活用動詞の「見れる」などより少し早くラ抜きが広がったようだ。小説などでも、「来れる」の用例は、「見れる」などの一段動詞の用例より先に出ている。また東京の実地調査や方言調査の結果でも、「見る」などより「来る」のラ抜きの使用率が高い。

　さて、近ごろラ抜きことばとして騒がれているのは、「見れる」「食べれる」などの、一段活用動詞の可能の言い方である。一段活用動詞というのは、否定の表現を作るときに、「見＋ない」「受け＋ない」のように、イ段・エ段＋ナイになる動詞である。古典文法では上一段・上二段・下一段・下二段などに分か

れていたのが、現代語で一体化したもので、数も多い（学校で教える文法では今でも上一段動詞と下一段動詞に分けるが、現代語ではまとめて扱っていい）。

一段活用動詞のラ抜きことばの発生時期は、前述の東京の「見れる」のように、大正か昭和初期らしい。短い動詞にまず広がり、今はもっとも長い一段動詞へと、少しずつ仲間を増やしつつある最中なのだ。

なおサ行変格活用動詞「する」については、ラ抜きことばにあたる言い方が存在しない。幼児がシレルなどという新しい言い方を使うこともあるが、親や友達が言わないので、成長するとやめるようだ。そもそも「する」の可能を表わすには、かわりに「できる」という別の動詞を使うからだ。英語でgoの過去形にwentという語源のまったく違う動詞を使うのと似ている。

ただサ変動詞「する」は単独でもよく使われるだけでなく、「同情する」「ストップする」「愛する」など、たくさんの仲間がある。そのうち長いサ変動詞については「同情できる」と言うし、「ストップできる」とも言えそうだが、短いサ変動詞だと、「愛できる」とは言えない。「愛する」の可能表現としてはかわりに「愛せる」がある。しかしこの「せる」も他のサ変動詞にあてはめて「同情せる」「ストップせる」とは言えない。もし、「同情せる」「ストップせる」が当たり前になり、「する」の単独の可能の言い方も「せる」で表わせるようになれば、後述のように日本語の可能表現は完全に規則的になる。実は東北方言の一部ですでに⑦この先端的表現を用いているところがあるが、共通語に登場するのは何百年後だろうか。

問1　「ラ抜きことば」とはどのようなことばを指すか、簡単に説明しなさい。

問2　次の文が本文の内容に合っていれば○、合っていなければ×を入れなさい。×を入れたら、どこが違うのか、本文のどこを見れば分かるのかも考えよう。

❶　筆者によると、ことばの変化は少しずつ進むのではなく、急に起こる。（　　　）

❷　ラ抜きことばに対する世論は使用率とはあまり関係がなさそうだ。（　　　）

❸　筆者は、ラ抜きことばが広がった理由として、意味の明晰化と動詞の活用の二つをあげている。（　　　）

❹　古語の助動詞ル・ラルの用法は一つしかなかったが、それから派生した現代語のレル・ラレルは自発、受け身、尊敬、可能の機能を持つようになった。（　　　）

❺　「そこでも見られますよ」「いつでも着られます」という言い方は誤解されるおそれがある。（　　　）

❻　ラ抜きことばが助動詞レル・ラレルの機能を減らしていると言える。（　　　）

問3　本文の内容に合うように［　　　］から適切な言葉を選びなさい。

❶　受け身のレル・ラレルは①［a. 一部の地域で　b. 全国どこでも　c. 方言として］使われる。もしラ抜きことばが可能と受け身を区別するため広がったのなら、ラ抜きことばは全国どこでも使われていい②［a. はず　b. べき　c. つもり］だ。

❷　ラ抜きことばがいち早く生まれたのは①［a. 関東地方　b. 東北地方　c. 近畿地方］をかこむ地域で、それは②［a. 自発　b. 受け身　c. 尊敬］表現としてレル・ラレルを使う地域と重なっている。

❸　尊敬のレル・ラレルとは「先生、①［a. 見れ　b. 見られ　c. 見ることができ］ますか」というような言い方だが、このような表現は②［a. 誤解　b. 理解　c. 区別］されるおそれがある。

❹　北関東から東北地方にかけては、ラ抜きことばは行き渡って①［a. おらず　b. いらず　c. いて］、レル・ラレルによる敬語は②［a. 使われない　b. 使われる］。しかも、自発には別の表現がある。したがって、この地域ではレル・ラレルの用法は可能と③［a. 自発　b. 受け身　c. 尊敬］に限られる。

❺ 以上のような方言分布を見ると、ラ抜きことばは可能と①[a. 自発　b. 受け身　c. 尊敬]を区別するというよりも、可能と②[a. 自発　b. 受け身　c. 尊敬]を区別するために広がったと考えるのがよさそうだ。

問4　**ラ抜きことばの歴史的変化が分かるように、空欄に適切なことばを入れなさい。**

❶ 古語では可能の意味を表すのに助動詞の①＿＿＿＿＿＿が使われた。奈良時代以来、「読む」の可能形は「読まゆ」「読まる」「読まるる」「②＿＿＿＿＿＿」であった。

❷ ラ抜きことばの先祖は、室町時代に出た「読み得る」「読み得た」を短くした「①＿＿＿＿＿＿」「②＿＿＿＿＿＿」のような言い方だといわれている。

❸ つまり、ラ抜きことばのきっかけは「読む」のような①＿＿＿＿＿＿動詞で、短い②＿＿＿＿＿＿表現が新しく生まれたことだった。

❹ 新しく短い可能表現は他の五段動詞にも広がり、「書ける」が生まれ、「動かれる」が「①＿＿＿＿＿＿」「走られる」が「②＿＿＿＿＿＿」になった。

❺ このような短い言い方が①＿＿＿＿＿＿後半に増え、②＿＿＿＿＿＿にかけて、ほぼすべての五段動詞に広がった。

問5　**ラ抜きことばのさらなる歴史的変化が分かるように、[　]から適切な言葉を選びなさい。**

❶ 短い可能表現が五段活用動詞に普及すると、その影響が他の動詞にも広がった。まず、カ行①[a. 五段　b. 一段　c. 変格]活用動詞の「来る」に影響し、「来られる」から「来れる」が生じた。これは「見れる」などの一段動詞の用法②[a. より後　b. より先　c. と同じ時期]に出ている。

❷ 短い可能表現が一段活用動詞にも影響し、ラ抜きことばが発生したのは①[a. 明治から大正　b. 大正から昭和　c. 昭和から平成]らしい。②[a. 短い　b. 長い]動詞から③[a. 短い　b. 長い]動詞に少しずつ広がっている。

❸ サ行①[a. 五段　b. 一段　c. 変格]活用動詞の「する」のラ抜きことばは②[a. 存在しない　b. シレルである　c. 増えつつある]。「する」の可能表現は③[a. される　b. させる　c. できる]である。

❹ ただし、「できる」は、「同情する」「ストップする」などの長いサ変動詞には①[a. 使える　b. 使えない]が、「愛する」などの短いものには②[a. 使える　b. 使えない]。「愛する」の可能表現として「愛せる」があるが、「同情せる」

「ストップせる」と③［a. は言えない　b. 言える　c. 言うべきだ］。

問6　次の質問に自分のことばで答えなさい。クラスメートと話し合ってもかまいません。
❶　ラ抜きことばの誕生にはどのような利点があるのか。
❷　井上（筆者）は、ラ抜きことばは可能と受け身を区別するというよりも、可能と尊敬を区別するために広がったと考えている。その根拠は何か。
❸　井上は、ラ抜きことばの考察を通して、ことばの歴史的変化が文法規則に合った形で進んでいることに感動を覚えたと述べている。このような記述で、筆者が伝えたかったことは何か。
❹　現時点では、サ変動詞「する」のラ抜きことばは存在しないが、「する」の可能表現がどのようになれば、日本語の可能表現は規則的になると言えるだろうか。

問7　文章の中で下線の指示代名詞が何を指しているかできるだけ簡潔に答えなさい。
❶　その筆頭：_____
❷　これ：_____
❸　これ：_____
❹　このような誤解：_____
❺　これ：_____
❻　この類の動詞：_____
❼　この先端的表現：_____

💬 クラスメートと話し合おう

1.　「朝、起きれない」「納豆がどうしても食べれない」というような表現を聞いたことがあるか。どう感じるか。使うことはあるか。使ってみたいと思うか。

2. 文法や活用規則を学ぶことについてどう考えるか、母語と外国語の場合で考えてみよう。

3. この文章を読んで、「ラ抜きことば」について考えたことを話し合ってみよう。

⚙ 文法表現を学ぼう

ステップ❶

問1 （　　　　）に適切な助詞を入れなさい。

❶ ラ抜きことばに関する論調は、世間（①　　　　）（②　　　　）使用率に関係する。

❷ ラ抜きことば（①　　　　）広がっているのは知っていたが、これほど（②　　　　）とは思わなかった。

❸ ラ抜きことば（①　　　　）広がった理由を、古代にまで歴史（②　　　　）さかのぼって考えてみよう。

❹ 助動詞レル・ラレル（①　　　　）は四種類もの用法があり、こんなに機能が多い（②　　　　）、どの意味で使われているの（③　　　　）が分からない。

❺ 「見られます」はいろいろな意味（①　　　　）とられる可能性があるが、「見れます」と言え（②　　　　）、可能の意味しかない。

問2 空欄に入る言葉を下から選び、文章を完成させなさい。

ラ抜きことばが広がった①＿＿＿＿＿＿＿＿二つの理由がある。一つは意味が明晰化できること、②＿＿＿＿＿＿＿＿は動詞の活用が整うことだ。③＿＿＿＿＿＿＿＿、助動詞のレル・ラレルには「自発・受け身・尊敬・可能」の四種類の用法がある。こんなに機能が多いと、「見られます」と言っても、誤解される④＿＿＿＿＿＿＿＿がある。そこで、可能に「見れます」を採用すれば、意味が区別できるし、レル・ラレルの機能が軽減される。⑤＿＿＿＿＿＿＿＿、ラ抜きことばは、「読め (yome) る」「書け (kake) る」などの五段活用動詞の可能形が、一段活用動詞に影響したものだと⑥＿＿＿＿＿＿＿＿。一段活用動詞の可能形は、ラレルをつけて「見られる」「食べられる」となる⑦＿＿＿＿＿＿＿＿だが、ラを抜くと「見れ (mire) る」

「食べれ (tabere) る」となり、五段動詞の活用とそろう。これは変格活用動詞の「来る」にも影響を及ぼして⑧＿＿＿＿＿＿＿＿、「こられる」が「これ (kore) る」という表現になる。⑨＿＿＿＿＿＿＿＿、日本語の可能表現は規則化に向かって変化しているのだ。

次に　　もう一つ　　はず　　というわけで
考えられる　　まず　　おり　　のには　　おそれ

♪ 文法 ♪

動詞の活用・可能形・ラ抜きことば

❶　五段活用動詞（う動詞）

行	基本形	活用形							可能形
		語幹	未然形 ない / う	連用形 ます	終止形 。	連体形 とき	仮定形 ば	命令形 。	
カ行	書く	書	か / こ	き	く	く	け	け	書ける
		kak	a / o	i	u	u	e	e	
ガ行	泳ぐ	泳	が / ご	ぎ	ぐ	ぐ	げ	げ	①
		oyog	a / o	i	u	u	e	e	
サ行	貸す	貸	さ / そ	し	す	す	せ	せ	②
		kas	a / o	i	u	u	e	e	
タ行	立つ	立	た / と	ち	つ	つ	て	て	③
		tat	a / o	i	u	u	e	e	
ナ行	死ぬ	死	な / の	に	ぬ	ぬ	ね	ね	④
		sin	a / o	i	u	u	e	e	
バ行	遊ぶ	遊	ば / ぼ	び	ぶ	ぶ	べ	べ	⑤
		asob	a / o	i	u	u	e	e	
マ行	読む	読	ま / も	み	む	む	め	め	⑥
		yom	a / o	i	u	u	e	e	
ラ行	走る	走	ら / ろ	り	る	る	れ	れ	⑦
		hasir	a / o	i	u	u	e	e	
ワ行	会う	会	わ / お	い	う	う	え	え	⑧
		a (w)	a / o	i	u	u	e	e	

❷ 一段活用動詞（る動詞）

行	基本形	語幹	活用形 未然形 ない	連用形 ます	終止形 。	連体形 とき	仮定形 ば	命令形 。	教室で学ぶ可能形	ラ抜きことば
カ行	着る	(着)	き	き	きる	きる	きれ	きろ / きよ	着られる	着れる
		ki	∅	∅	**ru**	**ru**	**re**	**ro / yo**		
マ行	見る	(見)	み	み	みる	みる	みれ	みろ / みよ	①	②
		mi	∅	∅	**ru**	**ru**	**re**	**ro / yo**		
ナ行	寝る	(寝)	ね	ね	ねる	ねる	ねれ	ねろ / ねよ	③	④
		ne	∅	∅	**ru**	**ru**	**re**	**ro / yo**		
バ行	食べる	食	べ	べ	べる	べる	べれ	べろ / べよ	⑤	⑥
		tabe	∅	∅	**ru**	**ru**	**re**	**ro / yo**		

❸ 不規則動詞

行	基本形	語幹	活用形 未然形 ない / ず / れる	連用形 ます	終止形 。	連体形 とき	仮定形 ば	命令形 。	教室で学ぶ可能形	ラ抜きことば
カ行	来る	(来)	こ	き	くる	くる	くれ	こい	来られる	来れる
サ行	する	する	し / せ / さ	し	する	する	すれ	しろ / せよ	できる	

【練習1】上の表❶の「う動詞」の可能形を書き入れなさい。

【練習2】上の表❷の「る動詞」の教室で学ぶ可能形とラ抜きことばを書き入れなさい。

【練習3】次の文で、下線部の動詞をラ抜きことばにしても意味が通じるものには○、そうではないものには×をつけなさい。○を入れたら、下線部をラ抜きことばにしてみよう。×を入れたら、なぜできないかを考えてみよう。

❶ 朝、どうしても起きられないんです。

（　　　　）

❷ 楽しみにとっておいたケーキを妹に食べられてしまった。

（　　　　）

❸ 外に出られるときは、十分にお気をつけください。

（　　　　）

❹ 昨夜は、外がうるさくて、よく寝られなかった。

（　　　　）

❺ 小池氏は当選確実と見られる。

（　　　　）

❻ 外国人に道を<u>たずねられて</u>、うまく説明できなかった。
（　　　）

❼ これは思い出のある品なので、どうしても<u>捨てられない</u>。
（　　　）

❽ 年に一度は健康<ruby>診断<rt>しんだん</rt></ruby>を<u>受けられる</u>ことをおすすめします。
（　　　）

❾ そんな服を<u>着られたら</u>、はずかしくて一緒に歩けない。
（　　　）

❿ 私はどうしてもおいしいお茶を<u>入れられない</u>。
（　　　）

♈ 表 現 ♈

❶ ［事実］のには、{ 二つの理由がある。一つは～こと、もう一つは～ことだ
　　　　　　　　　　理由が二つある

　　　　　　　There are two reasons why ～. One is ～, and the other is ～

　㉕ ラ抜きことばが広がった<u>のには、二つの理由がある</u>。<u>一つは</u>可能と他の意味の区別ができる<u>こと</u>、<u>もう一つは</u>動詞の活用が整う<u>ことだ</u>。

　㉖ ラ抜きことばが広がった<u>理由は二つある</u>。

❷ ～（の）<u>おそれがある</u>　　　there is fear that～, something bad is likely to happen

　㉗ うっかり「イカレタ」と言うと、「頭がおかしくなった」と受け取られる<u>おそれがある</u>。

　㉘ レル・ラレルに四種類もの用法があると、誤解の<u>おそれがある</u>。

❸ （もし）～<u>なら</u>、～<u>はずだ</u>　　　If it is the case that ～, then ～ must/should/be supposed to

　㉙ 受け身と区別するため<u>なら</u>、ラ抜きことばは全国で生まれていい<u>はずだ</u>。

　㉚ 文法を学んだ<u>なら</u>、活用規則が理解できる<u>はずだ</u>。

❹ ［V / Ad / Nである］<u>ものの</u>　　　although ～ / it is true that ～, however

　㉛ 例外はある<u>ものの</u>、明治・大正期には、ほぼすべての五段動詞で新しい可能の言い方が成立した。

　㉜ 退屈かもしれない<u>ものの</u>、文法を学ぶことは役に立つ。

❺　〜つつある　　to be doing, to be in the process of doing

　　例9　ラ抜きことばは、短い動詞から始まり、長い動詞へと広がりつつある。

　　例10　日本語の可能表現は規則的になりつつある。

✎ 考えをまとめ、書いてみよう

　文化庁の平成27年度「国語に関する世論調査」の結果の概要によると、ラ抜きことばの広がり方は動詞、年度、年齢によって違うようだ。次のページのグラフを比べて、何が分かるか、どのような傾向が見えるか、考えをまとめ、文章にしてみよう。本文で学んだ表現、「表現を使おう」《⇨巻末》の「表やグラフを説明する」「比較・対比する」などの表現をできるだけたくさん使ってみよう。

どちらの言い方を普通使うか

(1) （ア）こんなにたくさんは食べられない

　　 （イ）こんなにたくさんは食べれない

(2) （ア）朝5時に来られますか

　　 （イ）朝5時に来れますか

(3) （ア）彼が来るなんて考えられない

　　 （イ）彼が来るなんて考えれない

〔過去の調査との比較・年齢別〕
（1）「食べられない／食べれない」

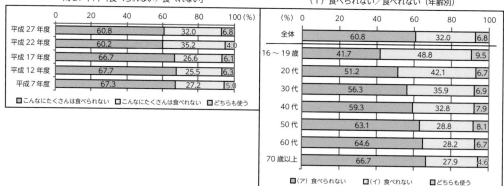

（2）「来られますか／来れますか」

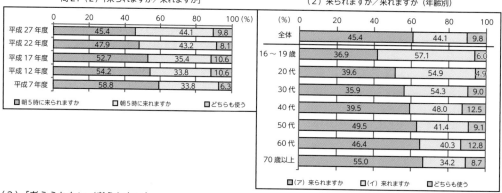

（3）「考えられない／考えれない」

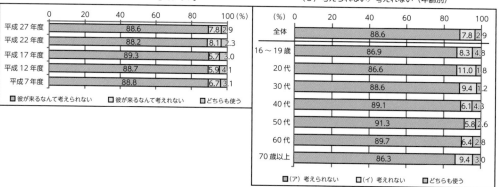

文化庁「平成27年度「国語に関する世論調査」の結果の概要」（p.17）<https://www.bunka.go.jp/tokei_hakusho_shuppan/tokeichosa/kokugo_yoronchosa/pdf/h27_chosa_kekka.pdf>

👤 発表しよう

上で書いた文章の内容をクラスで発表してみよう。聞き手がおもしろいと思う発表にするために、同じような内容でも、話の展開、表現方法を書くときとはどのように変えたらいいか考えてみよう。

↑ 発展させよう

「ラ抜き」とは逆に「サ入れ」ことばという表現がある。近年、この「サ入れ」ことばが広がっていると言われている。以下の表の（ア）（イ）を比べ、「サ入れ」ことばとは何か、何が問題なのかを考えてみよう。そして、下の表から分かることをまとめて文章にしたり、発表したりしよう。

どちらの言い方を普通使うか〈問21〉(P.95)　　　　　　　　　（数字は％）

		（ア）を使う	（イ）を使う	どちらも使う	分からない
(6)	（ア）明日は休ませていただきます （イ）明日は休まさせていただきます	79.6	16.8	3.1	0.5
(7)	（ア）今日はこれで帰らせてください （イ）今日はこれで帰らさせてください	80.3	16.9	2.1	0.7
(8)	（ア）担当の者を伺わせます （イ）担当の者を伺わさせます	75.5	20.7	2.9	0.8
(9)	（ア）絵を見せてください （イ）絵を見させてください	59.6	32.7	7.5	0.2
(10)	（ア）私が読ませていただきます （イ）私が読まさせていただきます	71.9	23.2	4.3	0.6

文化庁「平成27年度「国語に関する世論調査」の結果の概要」(p.16) <https://www.bunka.go.jp/tokei_hakusho_shuppan/tokeichosa/kokugo_yoronchosa/pdf/h27_chosa_kekka.pdf>

第 9 課

CHAPTER.9

方言を見てみよう

読み物

大西拓一郎 「「行くだ」「言うだ」のような言い方」
『ことばの地理学』大修館書店2018

1.　次の地域、県の読み方を調べ、場所を下の白地図に書き入れよう。

❶　中部地方　　　　　❹　長野県　　　　　❼　愛知県

_____　　　　_____　　　　_____

❷　東北地方　　　　　❺　山梨県　　　　　❽　福島県

_____　　　　_____　　　　_____

❸　山陰地方　　　　　❻　静岡県　　　　　❾　千葉県

_____　　　　_____　　　　_____

2. 日本の映画や動画を見たり、日本の地方を旅行していて、自分が習ったのとは違う発音やことば遣いに気づいたことがあるか。どのような表現が気になったか、どこで誰によって使われていたのかをクラスメートと話し合ってみよう。

3. 文章で使われる言語学用語を覚えよう。

方言 ほうげん	dialect	語形 ごけい	word form
標準語 ひょうじゅんご	standard language	用法 ようほう	usage, rules of use
慣用句 かんようく	idiomatic phrase	用言 ようげん	declinable word or phrase
動詞 どうし	verb	体言 たいげん	uninflected word or phrase
助動詞 じょどうし	auxiliary verb		
形容詞 けいようし	*i*-adjective	準体法 じゅんたいほう	expressing noun clauses in the adnominal form
接続助詞 せつぞくじょし	conjunction particle		

第9課 方言を見てみよう

117

「行くだ」「言うだ」のような言い方

大西拓一郎『ことばの地理学』大修館書店 2018

1　**どこで言うだ**

　「どこから来ただ」「畑に行くだ」「誰が言うだ」という言い回しは、典型的ないなかのことばというイメージを与え続けてきた。そのようなイメージを与える言い回しは、「来ただ」「行くだ」「言うだ」の「動詞＋だ」の部分である。

5　①これは「都会の建物は高いだ」「空気が汚ねえだ」のような「形容詞＋だ」にも適用されるので、広く「用言＋だ」が「いなかことば」としてイメージされてきたと言ってもよいだろう。

　ところで、典型的ないなかというのは何だろうか。多くの人が共通して想定する架空のいなかといったようなところなのか。そうだとするとバーチャルな

10　ものということになる。筆者は現実に即した研究として、方言学や言語地理学を実践しているので、空想の世界まで扱うつもりはない。

　「行くだ」のように、用言（この例では動詞）に断定の助動詞「だ」が直接続くような表現はどこで用いられるのかを探ってみよう。そうすると図7-1のように、長野・山梨・静岡・愛知を中心とした中部地方がおもな地域である

15　ことがわかる。

　東北を想像していた人もいるだろう。たしかに福島でも使われるが、もっと北に思いが行っていたのではないだろうか。そのほか、山陰や千葉にもあるが、大きなまとまりは中部地方である。

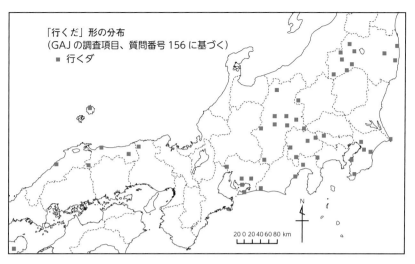

図7-1 「行くダ」という言い方の分布
『方言文法全国地図』の調査データ、質問番号156（この項目は地図化されていない）に基づく。

「の」が脱落したのか

20 　標準語では、断定の助動詞「だ」を動詞（「言う」「来る」「行く」など）や形容詞（「高い」「汚い」など）などの用言に直接つなげることはない。「言うのだ」「来るのだ」「行くのだ」「高いのだ」「汚いのだ」のように、間に「の」をはさむ。

　本書を少しさかのぼって、第2章の図2-1「雨が降っているから」を見て
25 みよう。中部地方には、デが分布している。原因理由を表す接続助詞であるから、このデが「ので」に該当するものであることは容易に推測できる。②ここにも「の」が現れていないわけである。

　標準語に存在するものが方言になかった場合、方言では脱落したと考えがちである。③その発想の背景には、あるべきものがいなかにはない、訛った末に
30 消えてしまったという先入観がないだろうか。しかし、冷静に考えれば、高層ビル、地下鉄、エスカレーター、大気汚染など、もともとなかったものが都会にはあることだっていくらでも思い浮かべることができる。

　文献に基づく日本語の歴史では、古くは「の」が不要だったことが知られている。「言う」という語形が、「言う」という動作そのものを表すだけではなく、
35 「言うこと」という動作を含む状況（「言うの」に相当）を表すこともできた。慣用句やことわざに含まれる「言うは易し、行うは難し」「聞くは一時の恥聞かぬは末代の恥」などは、④その名残である。この用法は、「〜すること」（「〜

第**9**課　方言を見てみよう

するの」に当たる）という体言に準じる意味を表すことから、準体法と呼ばれる。

40　「言うのだ」のように「の」が入った形は、表現形式上、分析的に（すなわち「言うこと」のような）意味を表示するべく成立したものなのである。⑤そのような便利な形式を成立させた後に、再び「の」を脱落させるという方向を想定するのは無理がある。地下鉄やエスカレーターの便利さを一度手にしたら、なかなか手放せない。それと同じように、「言うのだ」から「の」をみすみす

45　脱落させて、「言うだ」を発生させることは考えにくい。

　一方、「言うだ」の「言う」が準体法で、「言うの」を表すのであれば、「言う（の＝人）は誰だ」「（あの人の）言う（こと）はわからない」「言う（こと）を伝える」なども言えるのではないかと考えられる。「言うだ」型の準体法を持つ長野県茅野市で、筆者が信州大学の澤木幹栄先生の研究室とともに2013

50　年に共同で行った調査結果を、図7-2a「誰が言うだ」、図7-2b「言うは誰だ」、図7-2c「言うはわからない」、図7-2d「言うを伝える」に示した。

　図7-2a「誰が言うだ」は「〜するだ」型の典型的な準体法であり、市内のほぼ全域で使われる。図7-2b「言うは誰だ」では使用地点が若干減少するものの、やはり広く使われている。図7-2c「言うはわからない」になると、偏

55　りが見られ、鉄道（中央本線）をはさんだ東と西に使用地域が分かれる。そして、図7-2d「言うを伝える」では、ほとんど使用されない。「言う」という動詞が表す動作から、「言う」動作がもたらす内容になる（つまり、具体的な動作から遠くなる）に従い、準体法から離れていくことを示している。⑥このような用法と分布の対応関係から見ても、準体法は方言にもとから備わってい

60　るものであって、「行くだ」や「言うだ」は、「の」が脱落したものではないことは確かである。

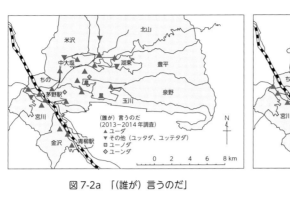

図 7-2a 「(誰が) 言うのだ」

図 7-2b 「言うのは (誰だ)」

図 7-2c 「言うことは (わからない)」

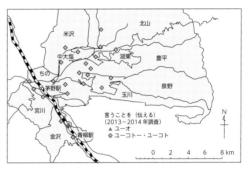

図 7-2d 「言うことを (伝える)」

図 7-2 長野県茅野市における準体法の諸相

第**9**課

方言を見てみよう

問1　次の文が本文の内容に合っていれば○、合っていなければ×を入れなさい。×を入れたら、どこが違うのか、本文のどこを見れば分かるのかも考えよう。

❶　「来ただ」「行くだ」「言うだ」という表現をいなかのことばだと感じる人が多いようだ。（　　　）

❷　「動詞＋だ」という表現はあっても「形容詞＋だ」という表現はない。（　　　）

❸　動詞や形容詞など活用することばを用言という。（　　　）

❹　筆者の研究課題は、多くの人が共通して想定するいなかの特質を明らかにすることだ。（　　　）

❺　用言に断定の助動詞「だ」が直接続くような表現は、おもに東北地方で使われている。（　　　）

❻　この文章は、「行くだ」のような表現が中部地方でよく使われていることを知らない読者が多いという前提で書かれているようだ。（　　　）

❼　「行くだ」のような表現は山陰地方や関東地方では使われない。（　　　）

問2　本文の内容に合うように［　　　］から適切な言葉を選びなさい。

❶　この文章で筆者が問題としているのは、「行くだ」という表現は「行くのだ」の「の」が［a. ついた　b. つながった　c. とれた］ものかという仮説である。

❷　そのような仮説を立てる理由が二つある。一つは、標準語では用言と断定の助動詞「だ」の間に「の」が①［a. ある　b. ない］こと、もう一つは、中部地方には「雨が降っているから」という意味で、②［a. 雨が降っているので　b. 雨が降っているで］という表現が使われることである。

❸　標準語に存在するものが方言にない場合、方言では脱落したと考える［a. 傾向がある　b. のはあり得ない　c. のが正しい］。

❹　文献によると、「行くのだ」の「の」は［a. 古くからあった　b. 古くはよく使われた　c. 古くは必要なかった］。

❺　「言うは易し、行うは難し」の「言う」と「行う」は、語形は①［a. 動詞　b. 名詞　c. 形容詞］だが、「言うこと」「行うこと」という②［a. 動詞　b. 名詞　c. 形容詞］としての意味を表している。このような動詞の用法を、③［a. 用言　b. 体言］に準じる（と同じ）という意味で、準体法と呼ぶ。

❻ 「行くのだ」の「の」は、動詞が名詞としての意味を持つことを示すために、準体法が［a. 使われる前からあった　b. 使われた後に成立した］形式である。

❼ 必要があって新しくできた便利なものがなくなるということは考えにくい。したがって、「行くのだ」の「の」が脱落して「行くだ」になったと考えるの［a. が正しい　b. が妥当だ　c. には無理がある］。

問3　**次の質問に簡潔に答えなさい。クラスメートと話し合ってもかまいません。**

❶ 「言うだ」の「言う」が準体法（名詞として使われる）なら、どのような表現が可能か。大西（筆者）らが調査した4つの表現を書きなさい。

a. _____

b. _____

c. _____

d. _____

❷ 調査はなぜ長野県茅野市で行われたのか。

❸ 図 7-2a ～ 7-2d から何が分かるか。4つの表現の中でよく使われる表現はどれで、ほとんど使われない表現はどれか。使われる表現と使われない表現の意味的違いは何か。

❹ 大西の結論は何か。

問4　**文章の中で下線の指示代名詞が何を指しているか簡潔に答えなさい。**

❶ これ：_____

❷ ここ：_____

❸ その発想：_____

❹ その名残：_____

❺ そのような便利な形式：_____

❻ このような用法と分布の対応関係：_____

💬 クラスメートと話し合おう

1. 映画やテレビ番組で「どこから来ただ」「畑に行くだ」というような言い回しを聞いたことがあるか。そのような表現は何を象徴していると思うか。

2. 言語地理学では、フィールドワークから仮説を立て、それを検証するという方法をとる。この文章で、大西が問題としたことは何か、どのような仮説を立てたか、どのように検証したかを考察してみよう。

3. 日本語でも自分の言語でもおもしろいと思った方言を出し合い、なぜおもしろいのか話し合ってみよう。時間があれば、そのような表現がどこから来たのか調べてみよう。

🔗 文法表現を学ぼう

`ステップ❶`

問1　(　　　　) に適切な助詞を入れなさい。

❶ 地方のことば (①　　　) 調べるため、北海道から沖縄 (②　　　) 日本中を旅した。

❷ 「行くだ」という表現がどこ (①　　　) 用いられる (②　　　) 調べてみよう。

❸ この図をみる (①　　　)、分布が中部地方 (②　　　) 偏っていることがわかる。

❹ 冷静に考えれ (①　　　)、いなかになくて都会にあるものはいくらで (②　　　) ある。

❺ 「言うは易し」の「言う」の用法は、「言うこと」という体言 (①　　　) 準じる意味を表すこと (②　　　)、準体法と呼ばれる。

❻ 「言うのだ」のように「の」(①　　　) 入った形は、準体法 (②　　　) 後に成立した。

問2 空欄に入る言葉を下から選び、文章を完成させなさい。

　「行くだ」のような方言はどこから来た①＿＿＿＿＿＿＿。標準語では、断定の助動詞「だ」を動詞に直接つなげることはない。「行くのだ」②＿＿＿＿＿＿＿、間に「の」をはさむ。標準語にあるものが方言になかった場合、方言では脱落したと考え③＿＿＿＿＿＿＿。もしそうだとすると、「行くだ」という表現は「行くのだ」の「の」が脱落したものと考える④＿＿＿＿＿＿＿。しかし、文献に基づく日本語史では、古くは「の」が不要だったことが⑤＿＿＿＿＿＿＿。「言う」という語形は、動作⑥＿＿＿＿＿＿＿「言うこと」という名詞の意味も表すことができた。ことわざの「言うは易し、行うは難し」はその名残である。「言うのだ」のように「の」が入った形は、「言うこと」という意味を表示する⑦＿＿＿＿＿＿＿、後から成立した表現である。そのような便利な形式が成立した⑧＿＿＿＿＿＿＿、再び「の」が脱落するとは考えにくい。⑨＿＿＿＿＿＿＿、「行くだ」という表現は、「行くのだ」の「の」が脱落したものではないと考えるのが妥当である。

> ために　　のように　　知られている　　したがって　　がちである
> べきなのだろう　　後で　　のだろうか　　だけでなく

ステップ❷

♫ 文 法 ♫

　「準体法」とは連体形の後の名詞（体言）が省略される用法である。「こと、もの、ひと、とき」が省略されることが多い。

例1　言うは易し、行うは難し。
　　　＝言うこと　＝行うこと

例2　聞くは一時の恥、聞かぬは末代の恥。
　　　＝聞くこと　　　＝聞かないこと

第9課

方言を見てみよう

125

【練習】次の事例から準体法を探してみよう。どのような名詞が省略されているかも考えよう。

❶

『逃げるは恥だが役に立つ』

❷

『負けるが勝ち、勝ち、勝ち!』

❸

朝日新聞社「みえるを広げる。みらいを照らす。」

❹

「ちびまる子ちゃんのことわざかるた」

❺

『「言葉にできる」は武器になる。』

©海野つなみ『逃げるは恥だが役に立つ(1)』講談社
©萩本欽一『負けるが勝ち、勝ち、勝ち!
―「運のいい人」になる絶対法則―』廣済堂出版
©朝日新聞社「みえるを広げる。みらいを照らす。」朝日新聞デジタル
©キャラクター原作:さくらももこ・監修:時田昌瑞
「ちびまる子ちゃんのことわざかるた」集英社
©梅田悟司『「言葉にできる」は武器になる。』日経BP

❶ N₁ のような N₂　　　　　　　　N₂ like N₁, N₂ such as N₁

　　N のように［S / V / Ad］　　　～ such as N

　　例1　「行くだ」「言うだ」のような言い回しは、いなかのことばだというイメージを与える。

　　例2　標準語では、「行くのだ」「言うのだ」のように、間に「の」をはさむ。

❷ 【仮定（だ）】とすると、【帰結】　　given that ～, assuming that ～

　　例3　「典型的ないなか」が架空の世界だとすると、それは研究対象ではない。

　　例4　「言うだ」の「言う」が準体法で「言うの／こと」を表すとすると、「言うは誰だ」「言うがわからない」なども言えるのではないか。

❸ ［V-masu / N］がち（だ）　　　tend to ～, to do something (negative) easily

　　例5　標準語にあるものが方言にない場合、方言で脱落したと考えがちだ。

　　例6　都会の人はいなかの生活にあこがれがちだ。

❹ ［V / Ad / N である］ことから　　because, due to that ～, based on ～

　　例7　この用法は、「～すること」という体言（名詞）と同じような意味を表すことから、準体法と呼ばれる。

　　例8　用法と分布にこのような対応関係があることから、「行くだ」は「の」が脱落したものではないことは確かである。

❺ ［V / N］に従って／従い　　　as, in proportion to

　　例9　北に行くに従って、「行くだ」のような表現は使われなくなる。

　　例10　「言う」の表す意味が具体的な動作から離れるに従い、準体法が使われなくなる。

✎ 考えをまとめ、書いてみよう

1.　　日本の様々な地域から来た人に次の文を声に出して読んでもらおう。「箸」「橋」
　　「端」のアクセント（音の高低）に関して、気づいたことをまとめよう。
　　　　箸で作った橋の端から端まで渡る橋本さん

2. 自分が行ったことがない地方の出身の人に、地方のことばで会話をしてもらお
    う。音、語彙、文法などで、自分の話し方とは違うと感じたところを書きとめ
    ておこう。聞いたことがないことばがあったら、意味を聞いておこう。そして、
    気づいた違いを文章にまとめよう。

発表しよう

上で書いた文章の内容をクラスで発表してみよう。聞き手がおもしろいと思う
発表にするために、話の展開、表現方法を書くときとはどのように変えたらい
いか考えよう。

発展させよう

自分が行ったことがない地方の出身の人に、自分の地方のことばについてどう
感じているかインタビューしてみよう。どんなときに使い、どんなときに使わ
ないのか、地方のことばで苦労した経験はあるか、逆に、いい経験はあるか、
方言のおもしろさは何だと思うか、将来、方言はどうなると思うかなど、だい
たいの質問を用意しておこう。そして、聞き出した情報を文章にまとめよう。
本文で学んだ表現、「表現を使おう」《⇨巻末》の「インタビューし、その結果を
報告する」「アンケート調査をし、その結果を報告する」の表現をできるだけた
くさん使ってみよう。

第 **10** 課

CHAPTER.10

これからの日本語

読み物

庵功雄「マインドとしての〈やさしい日本語〉」
『〈やさしい日本語〉と多文化共生』ココ出版2019

1. 次のグラフは日本の在留外国人労働者の推移を表している。このグラフから何が分かるか、どのような問題が予想されるか話し合ってみよう。

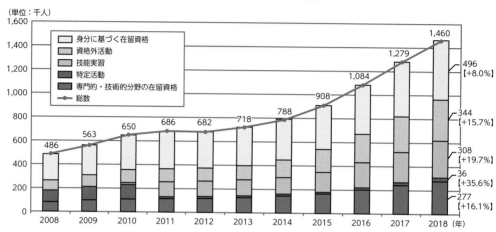

図1 在留資格別外国人労働者数の推移

出典：厚生労働省「「外国人雇用状況」の届出状況まとめ（平成30年10月末現在）」
<https://www.mhlw.go.jp/stf/newpage_03337.html>

2. 次のグラフは海外の日本語学習者の学習目的を表している。このグラフから何が分かるか、また、来日した外国人労働者が日本語を学ぶ目的とどう違うか、話し合ってみよう。

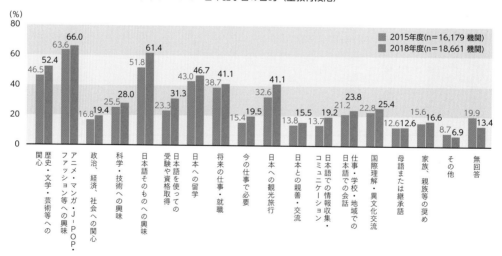

グラフ1-5-1 日本語学習の目的（全教育段階）

出典：国際交流基金「海外の日本語教育の現状―2018年度 日本語教育機関調査より―」
<https://www.jpf.go.jp/j/project/japanese/survey/result/dl/survey2018/all.pdf>

マインドとしての〈やさしい日本語〉

庵功雄『〈やさしい日本語〉と多文化共生』ココ出版 2019

1　　**2　マイノリティのための〈やさしい日本語〉とマジョリティにとっての〈やさしい日本語〉**

　専門用語として「やさしい日本語」が用いられたのは、1995 年の阪神淡路大震災以降の減災のための日本語使用法の研究においてです（松田ほか 2000,
5　佐藤 2004, 岩田 2013）。

　一方、われわれの研究グループの研究は平時の外国人への情報提供のあり方の検討から始まりました。以下、本章ではわれわれの研究グループの用語法の「やさしい日本語」を〈やさしい日本語〉と表記します。

　〈やさしい日本語〉研究は在住外国人（通常は成人）への情報提供の研究か
10　ら始まりました。この意味で、われわれの研究は言語的マイノリティ（少数者）への言語保障に関するものから始まったと言えます。

　しかし、〈やさしい日本語〉はマイノリティのためだけのものではなく、日本社会のマジョリティ（多数派）である（健常者の）日本語母語話者にとっても重要な意味を持ちます（庵 2016b: 第 6 章、本書宇佐美論文）。さらに、〈や
15　さしい日本語〉の理念は日本語自体の国際化にとっても重要です（庵 2018b,
木村 2016）。

　次節以降では、以上の見取り図にもとづいて、「マイノリティのための〈やさしい日本語〉」と「マジョリティにとっての〈やさしい日本語〉」という観点から〈やさしい日本語〉研究を跡づけるとともに、①それらに共通する「マイ
20　ンド」の重要性について論じます。

3　マイノリティのための〈やさしい日本語〉

　まず、マイノリティへの言語保障としての〈やさしい日本語〉について考えます。これには、「居場所作りのための〈やさしい日本語〉」と「バイパスとしての〈やさしい日本語〉」という 2 つの側面があります。

3.1　居場所作りのための〈やさしい日本語〉

「居場所作りのための〈やさしい日本語〉」は、主に成人の在住外国人を対象とするものです。

こうした人たちが日本社会になじむためにまず必要なことは、日本を「居場所」と考えられることであると言えます。そして、そのためには、「母語でなら言えることを日本語で言える」ようになることが重要であると考えられます。これは、日本語母語話者が何らかの理由でことばが十分にできない国で生活することになった場合を想像してみればおわかりいただけると思います（イ 2013 も参照）。

この観点からの研究には 3.1.1 〜 3.1.3 で扱う 3 つの側面があります。

3.1.1　初期日本語教育の公的保障の対象としての〈やさしい日本語〉

第一は、初期日本語教育の公的保障の対象としての側面です。

日本政府が正式に「移民」政策を採った場合、外国人に課す義務として一定レベルの日本語能力を求めることが予想されます。これは、外国人が日本で生きていく上での権利を保障するものであり、そのためには、外国人が定住目的で日本に入国する際に、一定量の日本語教育を、公的費用（すなわち、税金）を用いて、プロの日本語教師の手で行う必要があり、その内容は、実用的かつ費用対効果の高いものである必要があります。〈やさしい日本語〉の第一の側面は、②こうした日本語教育の内容を理論的に考察することにあります。

3.1.2　地域社会の共通言語としての〈やさしい日本語〉

第二は、地域社会の共通言語としての側面です。

在住外国人が増えるということは、地域社会に彼／彼女らが生活するようになるということであり、そこには何らかの共通言語が必要となりますが、岩田（2010）その他の研究結果から、英語がその役には立たないことが明らかになっています（庵 2016b: 1 章も参照）。

共通言語の第二の候補は日本語母語話者が何の調整も加えない日本語ですが、これも不可です。それは、こうした立場を採ることは、外国人を語学能力だけで判断することを意味し、「多文化共生」という考え方に合致しないからです（日本語母語話者が何らかの理由で海外で生活しなければならなくなった際に、

自らの能力をその国のことばができるかどうかだけで判断されたらどのように
55　感じるかを考えてみてください）。

　そうすると、論理的に考えて、地域社会の共通言語が生まれるとすれば、そ
れは日本語話者が一定の調整を加えた日本語である〈やさしい日本語〉しかあ
り得ません。その場合のモデルは次のようになります。

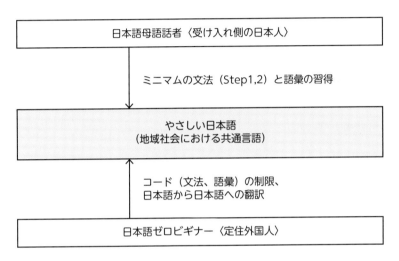

図1　地域社会の共通言語と〈やさしい日本語〉

　ただし、これは、共通言語ができるとすれば、の話であり、勝手にそうなる
60　というものではありません。このモデルが実現するかどうかは、日本語母語話
者の意識次第なのです。

3.1.3　地域型初級としての〈やさしい日本語〉

　第三は、日本語教育のあり方という側面です。

　日本語教育には、大学や日本語学校などで行われる「学校型日本語教育」と、
65　地域の日本語教室で行われる「地域型日本語教育」という区分があります（尾
崎2004）。両者は多くの点で異なっており、学校型で主に採られている「文
型積み上げ式」という方法を地域型に持ち込むことには理論的に考えても大き
な問題があります。

　③そうした点から、地域型日本語教育の実態にそくした初級（地域型初級）
70　をいかに構想するかということが重要になります（庵2015a, 庵2010, 2011
ほか参照）。

3.2　バイパスとしての〈やさしい日本語〉

　「バイパスとしての〈やさしい日本語〉」は、主に外国にルーツを持つ子どもたちを対象とするものです。

　「移民」受け入れについて議論する場合にある意味で最も重視しなければならないのは、「移民」の子ども（外国にルーツを持つ子ども）たちの問題です。

　彼／彼女たちが、まっとうに努力すれば、その国の中で、その国の子どもたちと対等に競争して、自力で人生の可能性を開いていけることが保障されている（社会的流動性が保障されている）ことが重要です。このことに対する配慮を欠いたまま「移民」の受け入れが進めば、その国の中に経済的／社会的に排除された階層を作り出すことになり、それが将来的に非常に大きな問題に発展する可能性が高いのです。

　④こうしたことは、欧米などの移民問題においても極めて重要な論点であると考えられますが、日本においても同様のことが言えます。

　「バイパスとしての〈やさしい日本語〉」は、上記の下線部を実現するために、外国にルーツを持つ子どもたちができる限り高校進学時に、遅くとも、高校卒業時に、日本語母語話者の子どもたちと対等に競争できる日本語能力を身につけられるように、必要な方策を研究するものです（庵 2015b, 2016b: 4 章, 本書志村論文ほか参照）。［中略］

4　マジョリティにとっての〈やさしい日本語〉

　ここまで「マイノリティのための〈やさしい日本語〉」を見てきました。マイノリティの言語保障は〈やさしい日本語〉の極めて重要な機能ですが、〈やさしい日本語〉はマジョリティである日本語母語話者にとっても重要な意味を持っています。本節ではこの点について見ていきます。

4.1　日本語表現の鏡としての〈やさしい日本語〉

　日本語母語話者にとって、日本語を用いて行う最も重要な言語活動は「自分（だけ）が知っていることを相手に伝えて、相手を自分の考えに同意させる」ことであると考えられます。

　これは、アカデミックな世界では「論文」や「口頭発表」に、企業では「就職面接」や「（各種）プレゼンテーション」に、日常生活では「自治会の活動」

などに当たりますが、日本の学校教育では、「意見文」「感想文」などの形で自らの意見を述べる活動は盛んに行われているものの、相手とのインターアクションの中で、相手の意見を受け入れつつ、自らの意見を相手に認めさせるという活動はほとんど行われていません。

　外国人を相手に「ロールプレイ」の形で、こうした活動の練習を行うことは、⑤こうした能力を磨く上で役に立ちます（宇佐美 2013, 2014）。それは、日本語母語話者同士では、言語自体で相手を説得できたのか否かがはっきりしないのに対し、外国人は、わからないところをはっきり指摘してくれるため、ロールプレイの真正性（authenticity）が高まるからです。

　⑥こうしたインターアクションは話しことばにおける〈やさしい日本語〉の実現形ですが（桝田 2015）、上記のことは、〈やさしい日本語〉が日本語表現の鏡として、コミュニケーション力を高める役割を担いうることと日本語母語話者にとっての〈やさしい日本語〉の意義を示しています。

4.2　国際日本語としての〈やさしい日本語〉

　3.1.2 で見たように、マジョリティである日本語母語話者とマイノリティである在住外国人の間に共通言語ができるとすれば、それは〈やさしい日本語〉でしかあり得ません。

　こうした共通言語ができること自体が容易なことではありませんが、その過程で、これまでの「日本人」だけが使ってきた日本語とは様々な点で異なる日本語が使われるようになることが予想されます。

　こうした状況において重要な理念の 1 つが土岐（1994）が指摘する「公平な耳」というものです。次の引用をご覧ください。

❹　日本の大手自動車会社の工場長がタイからの技術研修生に会った時、「わたチ…じどうチャ…」などと話しているのを聞いて、引率の日本人に、「この人達はほんとうに仕事ができるのか」と心配そうに言ったというが、これなどは、「わたチ」や「じどうチャ」などという発音の仕方が、日本語では幼児の話し方に似ているところから、勝手に人格や能力の判断にまで結び付けて出された反応であったとまずは解釈できよう。

（土岐 1994）

先に言語の恣意性について述べましたが、言語が持つこの性質は音の区切り
目にも表れます。タイ語では「し」と「ち」を区別しないが、日本語にはその
区別があるということです。客観的な事実はそれだけのことにすぎないにもか
かわらず、実際はそれが差別につながっています。

同様の差別は歴史的には「方言」話者に対しても続けられてきました（毎日
新聞地方部特報版 1998, 庵 2013）。⑦こうした差別意識をなくすには「方言」
を含む様々な日本語を等しく日本語のバリエーションとして聞ける「公平な
耳」が必要であるというのが土岐（1994）の趣旨です。

田中（1989）は、日本語が狭い島国日本語を脱して「大陸日本語」となる
には様々な日本語のバリエーションを許容していくことが必要であることを説
いています。次の指摘は現在でも十分に傾聴に値します。

❺　人は誰でも、自分がよりよく受け入れられ、よりよく理解されようと
して、まずしくとも知力のかぎりをつくしながらことばを使っている。
この活動は人間の尊厳に属するものであって、決してあざけりの対象
にしてはならない。（中略）真におぞましいのは、自らすすんで相手
に理解させる手立てをもたず──したがって、おぞましきことばすら
発することもできずに、──自らのせまい好みによって相手を裁こう
とする傲慢な感性の方である。　　　　　　　　　　（田中 1989: 43）

こうした「国際日本語」という考え方は、日本語表現そのものへの反省を強
く求めるものであり、〈やさしい日本語〉の理念が決してマイノリティのため
だけのものではなく、マジョリティにとっても重要な意味／意義を持っている
ことを示しています。

読んで理解しよう

問1 〈やさしい日本語〉を理解するために、次の表を完成させなさい。

① 〈やさしい日本語〉とは何か。		
対象者	言語的マイノリティ	言語的マジョリティ
	②_____ ③_____	④_____
目的	⑤_____作り　バイパスとして	1. 日本語表現力を高める
	1. 初期日本語教育の ⑥_____の対象　⑨_____までには日本語母語話者と対等に競争できる日本語力を身につける	
	2. 地域社会の ⑦_____	2. ⑩_____という考え方を持つ
	3. ⑧_____型日本語教育	

問2 本文の内容に合うように [　] から適切な言葉を選びなさい。

❶ 外国人が日本に ① [a. 居場所　b. バイパス　c. ルーツ] を作るためには、② [a. 母語　b. 日本語] で言えることが ③ [a. 母語　b. 日本語] で言えるようになることが重要だ。

❷ 初期日本語教育の公的保障とは、外国人が定住目的で日本に入国する際、[a. 自分　b. 本国　c. 日本] の公的費用で、一定の質の高い日本語教育を受ける権利を保障するものである。

❸ 筆者は、在住外国人の多い地域社会の共通語は ① [a. 英語　b. 何も調整を加えない日本語　c. 調整を加えた日本語] しかないと述べている。調整を加えない日本語を地域の共通語とすることは、外国人を ② [a. 日本語　b. 多言語　c. 多文化　d. 能力] だけで判断することを意味からである。

❹ 筆者によると、学校での日本語教育と地域の日本語教育は ① [a. 同じで　b. 共通点が多く　c. 異なり]、地域に合った ② [a. 初級　b. 中級　c. 上級] 日本語

教育を考える必要がある。

❺ 「移民」受け入れで重視すべきは、その子どもたちに①[a. 初期日本語教育を受ける権利　b. 社会的流動性　c. 高校に進学する機会]を保障することである。それは、努力すれば、日本で②[a. 移民　b. 日本　c. 欧米]の子どもたちと対等に競争し、自力で人生を切り開くことができる機会を保障することである。

問3　次の文が本文の内容に合っていれば○、合っていなければ×を入れなさい。×を入れたら、どこが違うのか、本文のどこを見れば分かるのかも考えよう。

❶ 日本の学校教育では自分の意見を述べる活動はあまり行われていない。（　　）

❷ 日本の学校教育では、相手の意見を受け入れながらも、自分の意見を相手に認めさせるという活動はあまりなされていない。（　　）

❸ 外国人と話しても、日本語母語話者は自分の表現力を高めることができない。（　　）

❹ 筆者は、分からないところをはっきり指摘してくれる人とのインターアクションから、自分の説得力を高めることができると考えている。（　　）

❺ 発音やことば遣いで、その人の人格や能力を判断することは差別にはならない。（　　）

❻ 外国人や方言話者の使う日本語が差別意識につながらないようにするには、日本語話者が日本語のバリエーションを許容する姿勢が必要である。（　　）

問4　次の質問に自分のことばで答えなさい。クラスメートと話し合ってもかまいません。

❶ 「図1　地域社会の共通言語と〈やさしい日本語〉」から、地域社会の共通言語の特徴について何が分かるか。

❷ 土岐（1994）の「公平な耳」という概念を使って、庵（筆者）が言いたいことは何か。

❸ 外国人にとって分かりやすい日本語が、日本語母語話者、そして、日本語にとってどのような意味／意義を持つのか、まとめなさい。

問5　文章の中で下線の指示代名詞が何を指しているか簡潔に答えなさい。

❶ それら：＿＿＿＿＿＿＿＿＿＿＿＿＿＿＿＿＿＿＿＿＿＿＿＿＿＿＿

❷ こうした日本語教育：＿＿＿＿＿＿＿＿＿＿＿＿＿＿＿＿＿＿＿＿＿

❸ そうした点：_____

❹ こうしたこと：_____

❺ こうした能力：_____

❻ こうしたインターアクション：_____

❼ こうした差別意識：_____

💬 クラスメートと話し合おう

1. 庵は、日本の地域社会の共通言語は〈やさしい日本語〉しかないと主張しているが、果たしてそうだろうか。他の可能性や考え方がないか考えてみよう。

2. 〈やさしい日本語〉を使うことが「多文化共生」とどう関連するのだろうか。逆に、多文化が共生する地域社会を作るために何が必要かも考えてみよう。

3. 在住外国人が増えている現在の日本社会で、外国人がすべきこと、日本人がすべきことを話し合ってみよう。また、外国人労働者と移民の子どもたちが身につける言語力、文化知識がどう違うかも考えてみよう。

🔗 文法表現を学ぼう

ステップ❶

問1 （　　　）に適切な助詞を入れなさい。

❶ 私たち（ ₁ 　　　）主張するわかりやすい日本語を、ここでは〈やさしい日本語〉（ ₂ 　　　）表記する。

❷ 外国人が日本社会になじむ（ ₁ 　　　）は、母語（ ₂ 　　　）言えることが日本語（ ₂ 　　　）言えるようになる必要がある。（ ₂ 同じ助詞が入る）

139

❸ 地域の実態（①　　　）そくした日本語教育をいかに構築する（②　　　）が重要な問題だ。

❹ バイパスとしての〈やさしい日本語〉は、外国（①　　　）ルーツを持つ子どもたちを対象（②　　　）する。

❺ 〈やさしい日本語〉は、外国人だけでなく、日本語母語話者（①　　　）ためのもので（②　　　）ある。

❻ 日本語の国際化という観点（①　　　）すると、母語話者に必要なのは外国人の日本語（②　　　）許容する力である。

問2　空欄に入る言葉を下から選び、文章を完成させなさい。

分かりやすい日本語とは何かを考えることは、外国人のため①＿＿＿＿＿＿＿、母語話者にとっても重要な意味を持つ。まず、在住外国人は、日本で生活する②＿＿＿＿＿＿＿一定の日本語能力を身につける必要がある。そこで、外国人はどのような日本語を学ぶべきかという議論が必要である。③＿＿＿＿＿＿＿、多文化が共生する社会では、どの国の人でも理解でき、使うことのできる共通言語が必要である。日本が多文化共生社会を目指す④＿＿＿＿＿＿＿、共通言語は外国人も母語話者も使える分かりやすい日本語でしか⑤＿＿＿＿＿＿＿。そして、その日本語は、在住外国人・移民の子どもたちも努力⑥＿＿＿＿＿＿＿、日本の子どもたちと対等に競争でき、自力で人生の可能性を開いていけるようなものでなければならない。

母語話者にとっては、分かりやすい日本語を目指す⑦＿＿＿＿＿＿＿、表現力やコミュニケーション力を磨く機会となる。なぜなら、相手に自分の意見を認めさせるには、相手が理解できる表現を使わなければならない⑧＿＿＿＿＿＿＿。そして、相手の意見を理解するには、相手のことば遣いが自分と違って⑨＿＿＿＿＿＿＿、その人が何を言おうとしているかを理解しなければならない。そのためには、外国人の日本語を日本語のバリエーション⑩＿＿＿＿＿＿＿許容する力が必要である。

| いても　　あり得ない　　さらに　　だけでなく　　ことは |
| 上で　　からである　　すれば　　として　　なら |

♪ 文法 ♪

「たら」「ば」「なら」

比べてみよう

❶　次の文で、a と b の意味を比べ、b が非文である理由は何か考えてみよう。

1a.　まじめに努力したら、達成感が得られた。

1b.＊達成感が得られたら、まじめに努力した。

2a.　きみがまじめに努力すれば、きっと成功するだろう。

2b.＊きみがきっと成功すれば、まじめに努力するだろう。

3a.　成功したいなら、まじめに努力すべきだ。

3b.＊まじめに努力するなら、達成感が得られた。

❷　次の文で、「私が支援する」のはいつか考えてみよう。

4a.　きみがまじめに努力すれば、私はいくらでも支援する。

4b.　きみがまじめに努力したら、私はいくらでも支援する。

4c.　きみがまじめに努力するなら、私はいくらでも支援する。

♪ 解説 ♪

❶　「～たら」は、S1（最初の文）が起きたら、その後に S2（次の文）が起きることを表す。

1a.　まじめに努力したら、達成感が得られた。

1b.＊達成感が得られたら、まじめに努力した。［達成感→努力？］

5a.　雨が降ったら、試合は中止だ。

5b.＊試合が中止だったら、雨が降る。

❷　「～ば」は、S1 と S2 の間に法則性があることを表す。S1 は仮定条件を表す。

2a.　きみがまじめに努力すれば、きっと成功するだろう。

2b.＊きみがきっと成功すれば、まじめに努力するだろう。

6a.　明日、雨が降れば、試合は中止だ。

6b.＊試合が中止ならば、明日は雨だ。

❸　「～なら」は、S1 にある聞き手の言うことを条件として、それに対する話し手の判断・命令・希望・意志などを S2 で表す（「～ば」「～たら」には、聞き手の言うことを条件とする用法はない）。

3a. 成功したい<u>なら</u>、まじめに努力すべきだ。

3b.*まじめに努力する<u>なら</u>、達成感が得られた。

7a. 明日、雨が降る<u>なら</u>、今から試合を中止しよう。

7b.*明日、雨が降れ<u>ば</u>、今から試合を中止する。

7c.*明日、雨が降っ<u>たら</u>、今から試合を中止する。

④ 「〜なら」は、前後関係が S1 → S2、S2 → S1 のどちらの場合もあるが、「〜たら」と「〜ば」は S1 → S2 しかない。

4a. きみがまじめに努力すれ<u>ば</u>、私はいくらでも支援する。［努力→支援］

4b. きみがまじめに努力し<u>たら</u>、私はいくらでも支援する。［努力→支援］

4c. きみがまじめに努力する<u>なら</u>、私はいくらでも支援する。［努力⇆支援］

【練習】［　　　］の中から適切なものを選びなさい。**答えは一つとは限りません。**

❶ 母語［a. たら　b. ば　c. なら］言えることが、日本語ではなかなか言えない。

❷ 母語［a. だったら　b. であれば　c. でなら］言えるが、日本語では言えない。

❸ 日本の地域社会で共通言語が［a. 生まれたら　b. 生まれれば　c. 生まれるなら］、それは〈やさしい日本語〉しかあり得ない。

❹ どの国の人でも分かる共通言語が［a. できたら　b. できれば　c. できるなら］、その地域は多文化共生社会となるだろう。

❺ ことばが十分にできない国で生活することに［a. なったら　b. なれば　c. なるなら］、きっと不便に感じるだろう。

❻ 自分の夢を［a. かなえたら　b. かなえれば　c. かなえたいなら］、自分で人生を開いていくしかない。

❼ 外国人を日本語力だけで判断［a. したら　b. すれば　c. したなら］、まちがった評価をしてしまうだろう。

✌ 表 現 ✌

❶ 〜の点 で／において　　　　in 〜, from the perspective of 〜

〜という点 で／において　　in (the sense) that 〜

例1 「学校型日本語教育」と「地域型日本語教育」は多くの<u>点で</u>異なる。

例2 〈やさしい日本語〉は、日本社会でどの国の人でも分かる共通言語が必要だ<u>という点において</u>重要な意味をもつ。

❷ 〜にもかかわらず　　despite (the fact) that 〜

～にかかわらず　　regardless of ～

（例3）「し」と「ち」の発音が違うだけにもかかわらず、それが能力や人格の判断に結びつくのはおかしい。

（例4）外国人労働者には、職種にかかわらず、誰もが日本語教育を受ける権利がある。

❸ ～するかどうかは～次第だ　　It depends on ～ whether or not ～

（例5）共通言語が実現するかどうかは、日本語母語話者の意識次第だ。

❹ ～にはＡとＢ（の区分）がある　　There are A and B in ～

（例6）日本語教育には、学校で行われる「学校型日本語教育」と、地域で行われる「地域型日本語教育」の区分がある。

（例7）〈やさしい日本語〉には、学習者のためのものと、まわりの日本語母語話者のためのものがある。

❺ ［V-た；Ｎの］まま　　just the way it is, just like ～

（例8）外国人の子どもに対する配慮を欠いたまま移民の受け入れを進めると、将来、大きな問題に発展する。

（例9）ことばの問題は解決しないままだ。

✎ 考えをまとめ、書いてみよう

1. 　日本をはじめ世界各地で様々な人が日本語を学んでいる。本文を読んで考えたことをもとに、次のような人々が日本語を学ぶ目的や理由、どのように学んでいるか、それぞれが直面している問題について考えてみよう。

	日本語学習者	目的・理由	学習方法	直面する問題
日本	在住外国人・移民			
	在住外国人の子ども			
	留学生・実習生			
	観光客			
	外国人と接する日本人			

海外	学校で日本語を学ぶ学生			
	仕事で日本語を使う労働者			
	趣味で日本語を学ぶ人			
	家庭で日本語を使う子ども			
	その他			

2. 上から特に興味のある学習者を選び、その人々の抱える問題と、それに対して
    どのようなサポートが必要かを文章にまとめてみよう。その際、資料や文献など、
    できるだけ多くの情報を集め、引用してみよう。本文で学んだ表現、「表現を使
    おう」《⇨巻末》に出てくる表現をできるだけたくさん使ってみよう。

発表しよう

上で書いた文章の内容をクラスで発表してみよう。聞き手がおもしろいと思う
発表にするために、話の展開、表現方法を書くときとはどのように変えたらい
いか考えてみよう。

発展させよう

日本では、2019 年 6 月に「日本語教育の推進に関する法律」が施行された。こ
の法律の概要、基本理念、方針、この法律が具体的にどのように施行されてい
るのか資料や文献を集めて調べてみよう。それらを文章にして、発表してみよう。

【参考】
文化庁（2019）「日本語教育の推進に関する法律の施行について（通知）」<https://www.
bunka.go.jp/seisaku/bunka_gyosei/shokan_horei/other/suishin_houritsu/1418260.
html>

巻　末
かん　　　まつ
APPENDIX

表現を使おう

文法用語

文法用語 ぶんぽうようご	grammar terms	丁寧（な／に） ていねい	polite
動詞 どうし	verb	主語 しゅご	subject
自動詞 じどうし	intransitive verb	述語 じゅつご	predicate
他動詞 たどうし	transitive verb	語 ご	lexicon
助動詞 じょどうし	auxiliary verb, inflecting suffix	句 く	phrase
名詞 めいし	noun	節 せつ	clause
い-形容詞 けいようし	*i*-type adjective	主節 しゅせつ	main clause
な-形容詞 けいようし	*na*-type adjective	従属節 じゅうぞくせつ	subordinate clause
副詞 ふくし	adverb	文 ぶん	sentence
助詞 じょし	particle/postposition	段落 だんらく	paragraph
接続詞 せつぞくし	connective	文章 ぶんしょう	passage
疑問詞 ぎもんし	interrogative word	本文 ほんぶん	the text
代名詞 だいめいし	pronoun	～行目 ぎょうめ	line ～
指示代名詞 しじだいめいし	demonstrative pronoun	表現 ひょうげん	expression
否定（する） ひてい	negative	文型 ぶんけい	sentence pattern
肯定（する） こうてい	affirmative	文の構造 ぶん こうぞう	sentence structure
命令（する） めいれい	imperative	意味をなす いみ	to make sense
比較（する） ひかく	comparative	内容 ないよう	content
修飾（する） しゅうしょく	to modify	要約（する） ようやく	summary
名詞修飾 めいししゅうしょく	noun modification	例文 れいぶん	example/sample
自発 じはつ	spontaneous	活用（する） かつよう	inflection/conjugation
可能（な） かのう	potential	形 かたち	form
受け身 うけみ	passive	訳（す） やく	translation
使役 しえき	causative	引用（する） いんよう	quote
使役受け身 しえきうけみ	causative passive	～を指す さ	refer to
尊敬（する） そんけい	honorific	下線（部） かせん ぶ	underline(d part)
謙譲（する） けんじょう	humble	二重下線 にじゅうかせん	double underline
		空欄 くうらん	blank

かっこ	parenthesis	文語	written language
かぎかっこ	brackets	過去形	past tense
ラ抜きことば	"ra"-removed word	過去分詞	past participle '-ed'
方言	dialect	進行形	progressive form
標準語	standard language	五段活用動詞	u-verb
活用	conjugation, inflection	一段活用動詞	ru-verb
現代語	modern language	変格活用	irregular conjugation
古語	archaic word	カ行変格活用動詞	= 来る
口語	spoken language	サ行変格活用動詞	= する

日本史時代区分

奈良時代	710-794 CE	明治時代	1868-1912
平安時代	794-1185	大正時代	1912-1926
鎌倉時代	1185-1333	昭和時代	1926-1989
室町時代	1333*-1573	平成時代	1989-2019
安土桃山時代	1573-1603	令和時代	2019-
江戸時代	1603-1868		

*1336 という説もある。

ニュースを伝える

❶ 語彙

〜を報告（する）	report	問題点	problem, issue
情報	information	〜を定義（する）	definition
記事	(newspaper) article	〜に対応（する）	dealing, countermeasure
出典	information source	対策	countermeasure
〜に載る	to get on, to appear in	動き	movement
概要	overview, article	〜を予想（する）	prediction

〜を分析（する）　analysis

❷ 伝える情報

(1) 話題／問題点：何についてのニュースか

(2) 出典：いつ、どこから得た情報か

(3) ニュースの概要：いつ、どこで、だれか、なにを、なぜ、どのように、どうした

(4) 問題点：なぜ問題になるのか

(5) キーワードや難しいことばの説明／定義

(6) 対応策：問題にどう対応するか

(7) 今後の予想

(8) 分析・意見：自分はどう考えるか

❸ 表現（発表するときは丁寧体、書くときは常体を使おう）

(1) 話題／問題点：何についてのニュースか

私が報告する記事は［話題］についてだ

これは［話題］についての記事だ

例1　私が報告するニュースはカタカナ語の規制についてです。

(2) 出典：いつ、どこから得た情報か

これは＿＿年＿＿月＿＿日の［出典］に載っていた記事だ

この記事は、＿＿年＿＿月＿＿日の［出典］に出ていた

例2　これは 2021 年 4 月 26 日の読売新聞に載っていたニュースです。

(3) ニュースの概要：いつ、どこで、だれか、なにを、なぜ、どのように、どうした

この記事の中で、［事実］ことが報告されている

ここでは、［問題］（ということ）が問題と／に なっている

ここで問題となっているのは、［問題］（ということ）だ

ここでは、［問題］が議論されている

例3　この記事の中で、国立国語研究所がカタカナ語の「言い換え集」を出したことが報告されています。

(4) **問題点：なぜ問題になるのか**

なぜこれが問題となっているかというと、［理由］から／ためだ

これが問題になる理由は、［理由］（だ）からだ

ここでは、［問題］について議論が＿（賛成）と＿（反対）に分かれている

例4 なぜこれが問題になっているかというと、最近、意味の分からないカタカナ
語が多すぎるという批判があるからです。

(5) **キーワードや難しいことばの説明／定義**

［ことば］とは、［定義］ということ／意味だ

［ことば］とは、［定義］（ということ）を指す／意味する

例5 和製英語とは、英語にはないことばをカタカナ語で表したものを指します。

(6) **対応策：問題にどう対応するか**

このため、［対応］しようという 主張／動き／案が出ている

この問題に対応するため（に）、［対策］

これを解決するため、［対策］することになっている

例6 このため、分かりにくいカタカナ語を分かりやすい日本語に置き換えようと
いう動きが出ています。

(7) **今後の予想**

今後／これから、［予想］に／と なっていくだろう／なりそうだ

これからも、まだ議論する必要があるだろう

(8) **分析・意見：自分はどう考えるか**

私は［意見・事実］に賛成／反対だ。なぜなら［理由］

これについて、私は［自分の意見］（だ）と思う／考える

なぜ私がこの話題に興味を持ったかというと、［理由］（だ）からだ

例7 私はカタカナ語の規制に反対です。なぜなら、カタカナ語が多く使われると
いうことは、それだけ日本語に新しいものや概念を取り入れる力があるから
です。

表やグラフを説明する

❶ グラフの種類

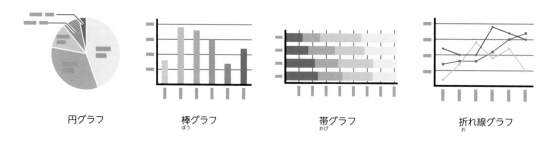

円グラフ 　　　　　棒グラフ
ぼう　　　　　帯グラフ
おび　　　　　折れ線グラフ
お

❷ 語彙

～を示す しめ	to indicate	増える／ ふ 増加する ぞう か	increase
～を表す あらわ	to show	伸びる の	grow
表 ひょう	table, chart	減る／減少する へ　　げんしょう	decrease
図 ず	figure, chart	横ばい よこ	flat, leveling off, no change
統計 とうけい	statistics	～に回答（する） かいとう	response
縦軸／横軸 たてじく　よこじく	vertical/horizontal axis	～を上回る うわまわ	exceed, go beyond
実線／点線 じっせん　てんせん	solid/dotted line	～を下回る したまわ	be lower than
単位 たん い	unit	～を占める し	account for
～を調査（する） ちょう さ	survey, investigation	～と／に比べる くら	compare to
以下／以上 い か　い じょう	less/more than	～と／に 比較する ひ かく	(as) compared to
順／順位 じゅん　じゅん い	rank order	～にすぎない	only/no more than
上位／下位 じょう い　か い	top/bottom	目立つ め だ	stand out
割合 わりあい	ratio	大きく／大幅に おお　　おおはば	largely
～割 わり	10%	～に対し（て） たい	in contrast to
差 さ	difference		
～あたり	per (e.g., 1人あたり54円)		

❸ 伝える情報

(1) 何を表すグラフ／表か

(2) グラフ／表の概要・傾向（それぞれの軸／部分は何を示すか。単位は何か。どのような傾向が分かるか。）

(3) 分析・解釈（このグラフ／表から何が読み取れるか。）

❹ 表現（発表するときは丁寧体、書くときは常体を使おう）

(1) 何を表すグラフ／表か

これは、[対象] を 表す／示す グラフ／表／図だ

このグラフ／表／図は、[対象] を [単位]（で）示して／表している

（例1） これは流行語に対するイメージを示す表です。

（例2） 図1は流行語の評価をパーセンテージで示しています。

(2) グラフ／表の概要・傾向

縦軸は [指標（割合など）] を示し、横軸は [指標（年度など）] を示している

縦軸は [指標] を [単位] で表している

[グラフ／表／図] を見ると／によると、[傾向] こと／の が分かる

A は B を（大きく）上回っている／下回っている

A と B は、大きい／目立った違いを見せている

（例3） 横軸は語の種類を示し、縦軸は回答をパーセンテージで示しています。

（例4） この表を見ると、流行語を使わないと回答した人が半数以上であることが分かります。

（例5） 「流行語を使わない」は「使う」と答えた人を大きく上回っています。

（例6） 流行語とカタカナ語は、使用頻度で目立った違いを見せています。

(3) 分析・解釈

[対象] を／について調査したところ、[結果] が分かった／明らかになった

A は [傾向]（なの）に対し（て）、B は [傾向]

A は B に／と比べて／比較して、[違い]

このグラフから／で、[解釈]（ということ）が読み取れる

（例7） 流行語に対する意識について調査したところ、次のことが分かりました。

（例8） 「よく使う」と答えた人は、カタカナ語では6割以上なのに対し、流行語では1割にすぎません。

（例9） 流行語はカタカナ語に比べて、評価が低くなっています。

（例10） このグラフから流行語を使いにくいと感じている人が多いことが読み取れます。

比較・対比する

❶ 語彙

〜と〜を比べる <small>くら</small>	to compare
〜を〜と比較（する） <small>ひ かく</small>	comparison
〜を〜と対比（する） <small>たい ひ</small>	comparison and contrast
〜を〜と対照（する） <small>たいしょう</small>	contrast
〜する反面 <small>はんめん</small>	while 〜, on the other hand

〜するのに対し（て） <small>たい</small>	while 〜, on the other hand
〜する一方 <small>いっぽう</small>	on one hand, but
〜を考察（する） <small>こうさつ</small>	consideration, speculation
〜を分析（する） <small>ぶんせき</small>	to analyze

❷ 表現（発表するときは丁寧体、書くときは常体を使おう）

(1) 意見や事実を引用する

〜を見る／見てみると〜、（だ）ということ だ／が分かる

⃝例1 大野によると、よく読めるようになるには、まず単語の形と意味に敏感にならなければならないということだ。

⃝例2 大野の「意味の違い目を見る」を読むと、似たような意味の言葉でも、実は意味が違うということが分かる。

(2) 比較する

AとBを比べる／比較すると、Aは〜、Bは〜

AをBと比べる／比較すると

AはBと／に比べて〜

⃝例3 「思う」と「考える」を比べると、「思う」は一つのことを心の中にずっと抱いていること、「考える」は複数のことを比較したり、組み立てたりすることである。

⃝例4 「思う」は「考える」に比べて感情的だととらえる人がいるかもしれない。

(3) 違いを明らかにする

A（の）に対し（て）、B

これに対して

A（の）反面、B

（例5）「思う」は感情的な働きをいうのに対し、「考える」は理性的な働きをいうという人もいるだろう。

（例6）「思う」には「考える」と同じような意味がある反面、「考える」では置き換えられない意味もある。

(4) **対比する**

一方〜／（しかし、）その一方で〜

（例7）「思う」と「考える」はどちらを使ってもいい場合があるが、その一方で、「献立を考える」や「不満に思う」のように片方しか使えない場合もある。

(5) **事実の原因／理由を述べる**

［事実］（の）は、［原因／理由］（だ）からだ／である

［事実］（の）は、［原因／理由］（の）ためだ／である

（例8）「思う」を感情的だととらえたのは、古い文学に出てくる「思い人」が、心で思っているけれども告白できない相手を指すことを感じたからだろう。

（例9）「考える」を理性的だととらえたのは、頭の中でいくつかの材料を比べたり組み立てたりするときのことを考えたためであろう。

(6) **まとめる**

このように、以上のように

（例10）このように、何となく使っている言葉でも意味が微妙に違うので、使い方に敏感になければならない。

事実／意見を引用し支持する

❶ **語彙**

〜を引用（する） いんよう	to quote, cite
〜を指摘（する） してき	pointing out
〜を述べる の	to state
〜を考察（する） こうさつ	consideration, view

〜を主張（する） しゅちょう	one's opinion, claim
〜に賛成（する） さんせい	to disagree
〜を支持（する） しじ	to counter argue
〜に同意（する） どうい	one's opinion, claim

153

立場	stance, position	帰結	consequence
たちば		き けつ	
根拠	ground, evidence,	～と結論（する）	conclusion
こんきょ	reason	けつろん	

❷ 伝える情報

  ⑴ 事実／意見を引用する

  ⑵ 支持する

  ⑶ 根拠を述べる

  ⑷ 結論、まとめ

❸ 表現 （発表するときは丁寧体、書くときは常体を使おう）

  ⑴ **事実／意見を引用する**

    ［出典］によると、［事実・意見］（だ）そうである

                           という／ということである

    ［人・文献］は、［出典］の中で、［話題］について［事実・意見］と言っている／

    述べている／話している／語っている／書いている／説明している／指摘している

    ／言明している／考察している／主張している／結論づけている

    例1 鈴木によると、太陽の色は言語文化によって違う色で認識される<u>ということ</u>

        <u>である</u>。

    例2 鈴木<u>は</u>『日本語と外国語』という本<u>の中で</u>、文化的前提や歴史的背景を知ら

        ないと、外国語の文献を正しく理解できない<u>と述べている</u>。

  ⑵ **支持する**

    ［引用意見］。私も（これと）同じ立場をとる／同意見である

                （これに）同感である／賛成である

    例3 鈴木によると、文化的前提や歴史的背景を知らないと、外国語の文献を正し

        く理解できない<u>ということである</u>。<u>私もこれに同感である</u>。

  ⑶ **根拠を述べる**

    ［事実］（なの）は、［理由・根拠］（だ）からである／だ

    ［事実］（なの）は、［理由・根拠］（の）ためである／だ

    ［理由］（の）ため、［帰結］

　　　　［理由］。このため／結果、［帰結］

例④　私が鈴木に賛成する<u>の</u>は、私も日本語を勉強していて、ことばの意味と文法
　　　は分かるのに、文全体の意味がよく分からない場合がある<u>からである</u>。

例⑤　ことばを扱う職業の人が微妙なニュアンスに敏感な<u>の</u>は、ことばについて常
　　　に考えている<u>ためである</u>。

例⑥　「思う」と「考える」はどちらでも使える場合が多い<u>ため</u>、意味に違いがあ
　　　るということさえ考えたことのない人もいるであろう。

例⑦　私は今まで「思う」と「考える」の意味の違いについて考えたことがなかっ
　　　た。<u>このため</u>、二つのことばの違いがよく分からなかった。

(4)　**結論、まとめ**

　　　［議論］。このように／以上のように、［結論］（だ）と　思う／思われる
　　　　　　　　　　　　　　　　　　　　　　　　　　　　だろう／であろう

　　　［議論］。結局、［結論］と　言えよう／言えるだろう／思う

例⑧　このように、外国語を学習するときは文化的前提や歴史的背景にも注意を払
　　　<u>うべきであろう</u>。

例⑨　結局、よく読めるようになるには、意味の似ていることばの微妙な違いに敏
　　　感になる必要がある<u>と言えよう</u>。

事実／意見を引用し反論する

❶　語彙

〜に反対（する）　to disagree　　　　　〜を論議（する）　to argue, dispute
　はんたい　　　　　　　　　　　　　　　　ろんぎ

〜に反論（する）　to counter argue　　　〜を分析（する）　to analyze
　はんろん　　　　　　　　　　　　　　　　ぶんせき

〜を議論（する）　to discuss, argue
　ぎろん

❷　伝える情報

(1)　事実／意見を引用する

(2)　反論する

(3)　根拠を述べる

(4) 結論、まとめ

❸ 表現 （発表するときは丁寧体、書くときは常体を使おう）

(1) **事実／意見を引用する**

[出典] によると、[事実・意見]（だ）そうである

　　　　　　　　　　　　　　　　という／ということである

[人・文献] は、[出典] の中で、[話題] について [事実・意見] と言っている／

述べている／話している／語っている／書いている／説明している／指摘している

／言明している／考察している／主張している／結論づけている

㋑ 金田一によると、日本人は他人を考慮した言い方をするということである。

㋺ 金田一は『日本語』という本の中で、日本人にとって「イイエ」は相手の考

　　えに賛成できないことを意味するので言いにくいと述べている。

(2) **反論する**

[引用意見]。しかし／だが、【反論】（の）では ないか／ないだろうか

　　　　　　　　　　　　　　　　　　　　なかろうか

私はこの 意見／議論／分析 はおかしいと思う

　　　　　　　　　　　　　に反論／反対する

㋩ 金田一によると、日本人は他人を考慮した言い方をするということである。

　　だが、他人を考慮した言い方をするのは日本人だけではないのではないか。

(3) **根拠を述べる**

[事実]（なの）は、[理由・根拠]（だ）からである／だ

[事実]（なの）は、[分析] である／だ

　　　　　　　　　　　　ではない／だけとは限らない

なぜ [事実] かというと、[理由・根拠] から／ため である

もし [事実とは反対のこと]（のだ）としたら、[帰結]（ということ）になる

㋥ 日本人が相手の心に気を使うのは、日本語がそのような性格をもっているた

　　めではない。

㋭ 「灰皿はありますか」と聞かれて「すぐお持ちします」と答えるのは、日本

　　人だけとは限らない。

㋬ 日本人がなぜ「お茶が入りました」という言い方をするかというと、相手に

恩を着せたくない<u>からである</u>。

例7　もし日本語自体に相手の気持ちを考える表現が多く含まれている<u>としたら、</u>
日本語を使う人は全員、他人を考慮しているということに<u>なる</u>。

(4)　**結論、まとめ**

［議論］。このように／以上のように、［結論］（だ）と　思う／思われる

だろう／であろう

［議論］。結論として、［結論］と　言えよう／言えるだろう／思う

例8　以上のように、相手の気持ちを考えてものを言うのは日本人だけとは限らな
い。一部分だけを見て一般論を出すのは危険だ<u>と思う</u>。

例9　結論として、他人を考慮する言い方をするのは日本人だけではない<u>と思う</u>。

異なる見解を考察した上で自分の意見を述べる

❶　**語彙**

争点 そうてん	issue	意義 い ぎ	meaning, significance
立場 たち ば	position	結論（する） けつろん	conclusion
賛否両論 さん ぴ りょうろん	pros and cons	〜を仮定（する） か てい	to suppose
〜を認める みと	to recognize, acknowledge		

❷　**伝える情報**

(1)　**事実／意見を引用する**

(2)　**引用した事実／意見に対する考察**

　　a．支持論とその根拠

　　b．反論とその根拠

(3)　**自分の意見**

　　a．様々な見解があることを考察した上で、自分の考え／主張を述べる

　　b．根拠を述べる

(4)　**結論、まとめ**

❸ 表現 （発表するときは丁寧体、書くときは常体を使おう）

(1) **事実／意見を引用する**

［出典］によると［意見・事実］（だ）そうである／という／ということである

ここで 争点／問題 となるのは、［問題点］か（どうか）ということだ

なぜこれが問題になるかというと［理由］（だ）からだ

なぜ私がこの議題に興味をもったかというと、［理由］（だ）からだ

［ことば］とは［定義］を指す／という意味だ

(2) **引用した事実／意見に対して様々な見解があることを考察する**

これに対し意見が分かれている

これに対し（て）様々な意見がある／賛否両論がある
　　　　　　　　　　　　　　　　さん ぴ りょうろん

これに関して議論が賛成派と反対派に分かれている

［引用意見］に対する賛成論としては［賛成論］とする意見がある

これを支持する論としては［支持論］がある

これに対する反論として（は）［反対論］という主張がある

(3) **様々な見解があることを考察した上で、自分の考え／主張を述べる**

しかし／だが、私は［自分の主張］（だ）と考える／思う

確かに［自分の支持しない意見］。しかし／が［自分の主張］。

［自分の支持しない意見］ということも確かにあるが、（しかし）私は［自分の主張］（だ）と考える

［自分の主張］（な）のではないか／のではないだろうか

［自分の支持しない意見］にどれだけ意味があるのだろうか

Ａが［Ａの意見］であるのに対し、Ｂは［Ｂの意見］だ

(4) **根拠を述べる**

なぜなら／なぜかというと［根拠／理由］（だ）からである

その理由／根拠は［根拠／理由］（だ）からである

その理由として、まず［根拠／理由］が挙げられる。次に［根拠／理由］。最後に［根拠／理由］。

第一に［　　　］がある。第二に［　　　］。第三に［　　　］。

この問題の背景には［背景］があると思う

これは［解釈］と解釈することができる

これは［解釈／分析］（という）ことを示していると思う

⑸ **結論、まとめ**

以上［議題］について様々な意見があることを述べたが、私は［自分の意見］（だ）と思う。

このように／以上のように［結論（だ）］と思う／と思われる

結局、［結論］であろう／だろう

今後、［課題］についてもっと議論しなければならないと思う

［課題］についてはまだ議論の余地があるだろう

インタビューし、その結果を報告する

❶ **インタビューする**

⑴ **自己紹介、お願い**

こんにちは。○○大学で日本語を勉強している［名前］と申します。

今、日本語の授業で［話題］に関して調査をしています。

インタビューをお願いしてもいいでしょうか。

［話題］についてご意見をお伺いしたいのでしょうが、よろしいでしょうか。

お時間を取っていただけますか。

⑵ **意見を聞く**

授業で［学んだこと］と習いましたが、どうお思いですか。

［話題］について、どうお考えですか。

［相手が言ったこと］についてもう少し詳しく話していただけませんか。

それはどういう意味ですか。

例えば、どんな例がありますか。

米国では［米国の状況］ですが、日本ではどうですか。

⑶ **あいづち**

そうですか。／そうなんですか。／そうですね。

（4） お礼

とても興味深い話をありがとうございました。

お忙しいところありがとうございました。

今日はお時間を取っていただきありがとうございました。

ご協力ありがとうございました。

❷ 結果報告：伝える情報

（1） **インタビューの概要**

　　a. 何についてインタビューしたか

　　b. なぜ、その話題を選んだか

　　c. キーワード、難しいことばの説明

（2） **調査方法**

　　a. 誰にインタビューしたか（年齢、性別、職業など）

　　b. いつ、どのようにインタビューしたか（対面／オンラインなど）

　　c. どのような質問をしたか

（3） **結果、分析**

　　a. インタビューした人は質問に対しどのように答えたか

　　b. インタビューから分かったこと、考えたこと、分析

（4） **結論、まとめ**

❸ 表現 （発表するときは丁寧体、書くときは常体を使おう）

（1） **インタビューの概要**

　　私は［インタビューした人］さんに［話題］ついてインタビューした

　　なぜ私が［話題］に興味をもったかというと、［理由］（だ）からだ

　　私が［話題］について〜さんの意見を聞いてみたいと思ったのは［理由］（だ）か
　　らだ

　　［ことば］とは［定義］という意味だ

　　［ことば］とは［定義］（の）ことを指す

⑵　調査方法

私は～さんと［日時／場所／手段］でインタビューした

私は～さんに［話題／質問］について聞いた

インタビューの前に、質問を～つ用意した。一つ目は［質問］、次に［質問］、さらに［質問］、最後に［質問］だ

⑶　結果、分析

［質問］に対して、～さんは［回答］と答えた

～さんは［回答］だそうだ

～さんは［話題／質問］に対して［回答］という意見を持っているようだ

今回、～さんをインタビューして、おもしろいと思ったことは［分析／意見／感想］だ

今回、新しく分かったことは［分析／意見／感想］だ

⑷　結論、まとめ

今回のインタビューから［結論］（ということ）が分かった

（発表を終わるときのみ）以上、［インタビューした人］に対するインタビューについて報告しました。これで私の報告を終わります。

アンケート調査をし、その結果を報告する

❶　語彙

調査（する） ちょうさ	investigation, survey	複数回答 ふくすうかいとう	multiple answers allowed
実施（する） じっし	carrying out, implementation	協力（する） きょうりょく	cooperation, collaboration
目的 もくてき	purpose, goal	依頼（する） いらい	request
質問紙 しつもんし	questionnaire	予測（する） よそく	prediction, estimation
調査票 ちょうさひょう	questionnaire	手順 てじゅん	procedure
設問（する） せつもん	question	対象 たいしょう	subject, object
選択肢 せんたくし	choices, options	回答（する） かいとう	reply, response

回答者 かいとうしゃ	respondent	～別に べつ	by ~, separately
回答率 かいとうりつ	response rate	報告（する） ほうこく	report
背景 はいけい	background	頻度 ひん ど	frequency (of occurrence)
年齢 ねんれい	age, years	回数 かいすう	number of times, frequency
～歳代 さいだい	the ...ties (20 歳代 the twenties)	表す あらわ	to show, to display
性別 せいべつ	gender	示す しめ	to indicate
職業 しょくぎょう	occupation	分析（する） ぶんせき	analysis
集計（する） しゅうけい	totalization, tally (e.g. of votes)	解釈（する） かいしゃく	interpretation
結果 けっ か	result, outcome	信頼性 しんらいせい	reliability, credibility
分類（する） ぶんるい	classification, categorization		

❷　調査票作成（例）

方言に関するアンケート

ジョージタウン大学で日本語を学んでいるジョン・スミスと申します。日本語のコースで方言について調べることになりました。アンケート調査にご協力いただきますよう、お願いいたします。

性別：男性　　女性

学年：1 年　2 年　3 年　4 年　　大学院生

専攻：

❶　自分の地方のことばと標準語を使い分けていますか。

    a. はい

    b. いいえ

❷　どんなときに地方のことばを使いますか。当てはまるものをすべて選んでください。

    a. 家族と話すとき

    b. 地方の友だちと話すとき

---

c. 出身地が同じ人と話すとき

d. その他：_____

❸ どんなときに地方のことばを使わないようにしますか。当てはまるものをすべて選んでください。

a. 学校や職場

b. よく知らない人と話すとき

c. 特に意識したことはない

d. その他：_____

❹ 方言のおもしろさは何だと思いますか。

ご協力、ありがとうございました。

❸ 結果報告：伝える情報

（1）**調査の概要**

a. 何について調べたか

b. なぜそのトピックを選んだか

c. キーワード、難しいことばの説明

d. どのような結果が予想されるか

（2）**実施方法**

a. どのような質問をしたのか

b. 回答者の人数、背景情報（年齢、性別、職業など）、回答率

c. 調査方法（オンラインサーベイ、メール、質問紙など）

（3）**結果**

a. 集計結果をグラフ／表／図にまとめる

b. 集計結果をことばで説明する

（4）**分析、解釈**

a. 結果から何が読み取れるか。予想と一致していたか

b. 新しく分かったこと、考えたことは何か

c. これからの課題は何か

(5) **結論、まとめ**

❹ **表現**（発表するときは丁寧体、書くときは常体を使おう）

(1) **調査の概要**

私は〜について調べた

私の調査トピックは〜だ

なぜ私がこのトピックに興味をもったかというと、［理由だ］からだ

私がこれについて調べてみたいと思ったのは［理由だ］からだ

なぜこれが問題になるかというと［理由だ］からだ

ここで、キーワードを説明する

この調査で使った［ことば］は［定義］という意味だ／を指す

(2) **実施方法**

この調査では、次のような質問をした

この調査をするにあたり、3つの設問を用意した

第一問目は［質問］。第二問目は［質問］。第三問目は［質問］

まず〜という質問をした。次に〜。最後に〜について聞いた

この調査の対象者は［対象者］だ／である

［対象者］に調査の協力を呼びかけ、［人数］人に回答を依頼した

回答者は［人数］人で、回答率は［数字］パーセントだった

回答者の年齢／性別／職業は次のようになっている

調査はオンライン／メール／質問紙で行われた

(3) **結果**

この表は［質問］に対する回答結果をまとめたものである

受け取った回答を［学年／年齢］別に集計してみた

［質問］に対し［回答の選択肢 1］と答えたのが［人数］人、［回答の選択肢 2］と
せんたくし
答えたのが［人数］人だった

この質問に関しては、回答が［回答 1］と［回答 2］に分かれている

Aが［Aの結果］であるのに対し、Bは［Bの結果］になっている

(4) **分析、解釈**

この結果は［分析／解釈］を示している

この結果は［分析／解釈］と解釈することができる

この結果の背景には［背景］があると思う

今回の調査で分かったことは［分析／解析／意見］ということだ／である

今後、［課題］についてもっと調べたいと思っている

［課題］についてはまだ調査する必要があるだろう

回答者数が限られているので、結果の信頼性には疑問がある

設問の仕方には改善の余地があるだろう
<ruby>改善<rt>かいぜん</rt></ruby> <ruby>余地<rt>よ ち</rt></ruby>

(5) **結論、まとめ**

今回の調査から［結論］（ということ）が分かった

（発表を終わるときのみ）以上、［調査］について報告しました。これで私の報告を

終わります。

フィードバックする

❶ 全般的なコメント

［話題］について、よく分かりました。

分かりやすい説明でした。

〜が面白かった／興味深かったです。

〜が面白い／興味深いと思いました。

難しい話題でしたが、分かりやすく説明してくれました。

私は［話題］についてあまりよく知りませんでしたが、［発表者］さんの説明を聞いて

興味をもちました／興味がわいてきました。

❷ 提案

［提案］するといいと思います。

［提案］するともっと分かりやすくなると思います。

もう少しゆっくり話すと、もっと分かりやすくなると思いました。

もう少し大きな声で話すと、もっと聞きやすかったです。

［不明な点］がよく分からなかったので、もう一度説明してください。

［不明な点］をもう少し詳しく説明してくれますか。

❸　質問

［不明な点］はどういう意味ですか。

［発表者］さんは、［問題］についてどう思いますか。

［問題］についての［発表者］さんの考えを聞かせていただけますか。

出　典

大野晋「意味の違い目を見る」『日本語練習帳』岩波書店1999年（pp. 2-9）

金田一春彦「二　他人への考慮」『日本語　新版（下）』岩波書店1988年（pp. 276-279）

鈴木孝夫「六　太陽と月」『日本語と外国語』岩波書店1990年（pp. 38-43）

阿辻哲次「1時間目　漢字の数」「5時間目　部首の不思議」『漢字再入門─楽しく学ぶために─第3版』中央公論新社2019年（pp. 7-10, pp. 137-144）

菊地康人「9　敬語の種類」「50　〈話題の敬語〉と〈対話の敬語〉」「57　敬語の種類の整理」『敬語再入門』講談社2021年（pp.30-31, pp. 102-103, pp. 116-117）

秋月高太郎「第七章　ココはカタカナで書くしかないデショ？」『ありえない日本語』筑摩書房2005年（pp. 163-175）

山口仲美「（1）擬音語・擬態語に魅せられる」『犬は「びよ」と鳴いていた─日本語は擬音語・擬態語が面白い─』光文社2002年（pp. 13-24）

井上史雄「1　ラ抜きことばの背景」『日本語ウォッチング』岩波書店1998年（pp. 2-20）

大西拓一郎「1　「行くだ」「言うだ」のような言い方」『ことばの地理学─方言はなぜそこにあるのか─』大修館書店2018年（pp. 130-133）

庵功雄「第1章　マインドとしての〈やさしい日本語〉─理念の実現に必要なもの─」庵功雄・岩田一成・佐藤琢三・桝田直美編『〈やさしい日本語〉と多文化共生』ココ出版2019年（pp. 1-13）

著者紹介

森 美子 (MORI Yoshiko)

現職　ジョージタウン大学東アジア言語文化学部准教授、日本語プログラム主任

略歴　南山短期大学英語学科、南山大学外国語学部英米学科卒業。愛知県と東京都で高校の英語教諭を勤めた後、渡米。オハイオ大学言語学部大学院で修士号、イリノイ大学アーバナ・シャンペーン校教育学部教育心理学科大学院にて博士号を取得。専門は、心理学的見地から見た第二言語習得。日米合わせて 30 年以上言語教育に携わっている。*Foreign Language Annals* 編集委員 (2017-present)、全米日本語教師会副会長 (2016-2017)、中部大西洋岸日本語教師会共同会長 (2020-2021)。

著書　『親と子をつなぐ継承語教育―日本・外国にルーツを持つ子ども―』（共著、くろしお出版 2019）、『アメリカで育つ日本の子どもたち―バイリンガルの光と影―』（共著、明石書店 2008）、『言語教育の新展開―牧野成一教授古希記念論集―』（共著、ひつじ書房 2005）、『第二言語習得研究への招待』（共著、くろしお出版 2003）など。また、語彙・漢字習得、言語学習と個人差、メタ認知知識、多言語習得、テクノロジーを導入した日本語教育などに関する論文を *Reading Research Quarterly, Language Learning, Modern Language Journal, Applied Psycholinguistics, Foreign Language Annals, Language Teaching, Japanese Language and Literature* などに多数発表している。

読んで考える日本語　10 のトピック
中上級

2022 年 7 月 4 日　　初版第 1 刷発行

著　者　　森 美子

発行人　　岡野秀夫

発行所　　**株式会社くろしお出版**

〒 102-0084　東京都千代田区二番町 4-3
TEL: 03-6261-2867　FAX: 03-6261-2879
URL: www.9640.jp　e-mail: kurosio@9640.jp

書籍デザイン　スズキアキヒロ

印刷所　　藤原印刷株式会社

別　冊

解 答 例

第1課　言葉に敏感になろう

読む前に考えてみよう

2.
①a　②a, b　③a　④b　⑤a　⑥a　⑦b

3.
①固く信じること
②あれこれと考えをめぐらせること
③記憶をよみがえらせること
④新しい考えを生むこと
⑤自分の心にある恨みを相手に知らせること
⑥心の中にあって突っ走ろうとする一つのことを抑えること
⑦ある一つのことが心に浮かぶこと

読んで理解しよう

問1
①a　②b　③c　④a　⑤c

問2
①×　②○　③×　④○　⑤○　⑥×　⑦○
⑧×

問3
①胸の中にある一つのこと
②できない。なぜなら「思い」は一つのイメージのことで、「考える」にすると、心の中のイメージが複数になるから。
③a.「思う」とは一つのイメージが心の中にあり、変わらずにあること
　b.「考える」とは二つ三つを比較したり、選択したり、構成したりすること
④a. 大野さん一人のことしか考えられない。大野さんに恋している。
　b. 何人かの知り合いの中から大野さんについて考える。

問4
①意味が重なっていないところ
②心の中にできあがっている一つのイメージ
③「思う」が一つのイメージが心の中にあることで、「考える」は複数のことを比較、選択、構成したりすることという違い
④あれこれ組み合わせるとき

⑤「思う」には一人の人を恋するという意味があること
⑥「思う」は一つのイメージを心に抱いていること、「考える」とは複数のことを比較したり、組み立てたりする気持ちが含まれていること

クラスメートと話し合おう

1.「入学試験を受けようと思った」というように、感情的とはいえない場合でも「思う」を使うことができるから。
2.「思う」は一つの考えしかもてないことで、あれこれ考えをめぐらす哲学者の仕事を表すのに適切な言葉だとは言えない。「我考える」と訳すべきだ。

文法表現を学ぼう

ステップ1
問1
❶①ば，②に　❷①で／から，②で，③か
❸①と，②は　❹①の，②が　❺①に，②を
問2
①かかっている　②こと　③しかし　④ず
⑤これに対して　⑥つまり

ステップ2
練習
❶①が　❷①が，②×（所有格），③×（所有格）
❸①×（所有格），②×（～のだ）
❹①×（所有格），②が

考えをまとめ、書いてみよう

1.
❶①b, ②a, ③a　❷b　❸a　❹a, b
❺b　❻a　❼①a, c　②a, b　❽①a, ②a
❾a　❿①a, ②b

第2課　日本語らしい表現とは？

読む前に考えてみよう

1.
①「お茶、飲む？」「どうぞ」

②「ごめん、コップ割っちゃった」

③「申しわけございません。ただ今、お持ちします」

2.

①(1)「はい、行きます」

　(2)「いいえ、行きません」

②(1)「はい、行きます」

　(2)「いいえ、行きません」「ごめんなさい、行けないんです」

③(1)「はい、行きません」

　(2)「いいえ、行きます」

3.

①[a] 自然に発生したと表現することで、人に恩を着せないから。

②[b] 自分の落ち度をはっきり認める言い方だから。

③[b] 自分の手柄よりチーム全員の手柄を優先した言い方だから。

④[b]「ペンを貸してほしい」という相手の意図を察した答え方だから。

⑤[a] 理由を言って断った方がやさしく聞こえるから。

読んで理解しよう

問1

❶b　❷a　❸①a，②b　❹a　❺①a，②b

❻c

問2

①含まない　②相手の気持ち　③はい

④いいえ　⑤相手の予想／考え／思い／気持ち

問3

①×　②○　③○　④×　⑤○　⑥×

問4

①自分の手柄を隠すことで、相手に恩を着せたり、不快な思いをさせたりすることがない表現だから。

②「あなたのために私がお茶を入れたよ」は自分の手柄を相手に示す表現であり、「お茶碗が割れました」は自分の落度を隠そうとする表現である。

③相手の気持ち、あるいは、相手が自分に何を期待しているのかを考えている。

④イイエは相手の考えに賛成できない、あるいは、相手が正しくないことを意味するから。

問5

①「あなたのために私がお茶を入れたよ」

②「お茶が入りました」というような自分の手柄を隠す表現や「お茶碗を割りました」というような自分の落度をはっきりと認める表現

③質問に答える側

④同じ「〜ませんか」という形の質問でも、答え方が反対になること

⑤日本人のハイとイイエの使い方

⑥何を聞いても一応ハイと応答する日本人の習慣

文法表現を学ぼう

ステップ1

問1

❶①を，②が，③か　❷①を，②に

❸①で／から，②から　❹①と，②の

❺①に，②から

問2

①によると　②しかし　③として　④ものだ

⑤このように

ステップ2

練習1

①沸く　②割る　③落ちる　④ぶつける

⑤降る　⑥作る　⑦書けた

練習2

①飲ませて　②させる　③来させ

④認めさせる

第3課　ことばは文化を表す

読む前に考えてみよう

1. 日本語

りんご：赤

封筒：茶

信号：赤青黄

若さ：青

沈んだ気分：暗い色

2. 日本語

赤：めでたさ・祝い事

青：若さ・未熟さ

緑：春・新鮮さ・若さ・自然環境・安全

白：清潔・純潔・正直・負け

黒：死・悪・けがれ・不正直、など

3.

①若さ、新鮮さ　②不都合、未熟さ

③沈んだり、落ち込んだりした気持ち

④若さ、新鮮さ、自然、環境、紙幣など

読んで理解しよう

問1

❶b　❷①a, ②b　❸c　❹c　❺b

❻①b, ②a　❼b　❽c

問2

①×　②○　③○　④×　⑤○　⑥×　⑦○

問3

①人間は自分固有の文化で、情報の一部を消去したり、都合のいいように解釈する傾向があるが、機械はそのようなことはしない。

②自然科学や技術の研究では単語や文章の意味が明確で、言外の意味はあまり重要ではないが、人文・社会系の学問では言葉の意味が不明瞭で、情報を裏で支える文化的前提や歴史的背景が重要な意味を持つ。

③自然科学や技術の研究と人文・社会系の学問では外国語の性質が違うことを自覚しておらず、情報の正しさや自分の理解の正確さを検証する必要を感じないから。

④言外の文化的前提や歴史的背景を知らなければ、外国語を正しく理解することが難しい。外国語を読むときは、そのことを自覚し、自分の解釈が正しいかどうか検証することが大切だ。

問4

①クロスワード・パズルから英語では太陽の色が黄色で認識されていることを知った事件

②人文・社会系の学問

③自然科学や技術の学問で外国語の文献を読んだり、外国語で交流したりする場合

④単語や文章

⑤言語情報を裏で支える文化的前提や歴史的背景

⑥情報の正しさや自分の解釈の正確さを検証する方法

⑦自然科学や技術の学問とは違い、人文・社会系の学問では外国語による情報の正しさを検証する方法がほとんどないという自覚

文法表現を学ぼう

ステップ1

問1

❶①と, ②が　❷①ば, ②で　❸①に, ②を

❹①の, ②に　❺①と, ②か

問2

①ほど　②だけでなく　③一方

④知らなければ　⑤にしても

ステップ2

練習

①○　②×　③○　④○　⑤×　⑥×

第4課　漢字について考えよう

読む前に考えてみよう

1.

漢字の長所：意味を表す、かなより複雑なので目立つ、大切な情報がすぐわかる、限られたスペースで多くの情報を伝えることができる、など

漢字の短所：字数が多い、形が複雑、書くのに時間がかかる、覚えにくい、など

読んで理解しよう

問1

❶①a, ②b　❷c　❸a　❹①b, ②a　❺c

問2

①○　②○　③×　④×　⑤○　⑥×

⑦×　⑧○

問3

①同じ発音が意味の違うことばに使われていること

②象形や会意では文字にできない事物や概念
　も、同音の文字を音符に使って新しい文字を
　作ることができる。
③はじめて見る難しい漢字でも、その中の音の
　要素から読み方が推測できる。
④形声文字の中に音を表す要素があり、その
　音、または、同じ要素のある他の漢字の音か
　ら読み方を推測することができるから。

問4

①モノや概念を口で発する音声で表していたの
　を文字で表記するようにしたとき
②象形と指事という方法で作られた一通りの基
　本的な漢字
③「文」を組み合わせて、より複雑な概念を示
　す「字」が作られたとき
④会意と形声のちがい。または、会意は「文」
　の意味だけを組みあわせて新しく漢字を作る
　のに対し、形声は「文」の意味と音を利用し
　て文字を作るというちがい
⑤文字の表す音を利用して新しい字を作る方法
⑥同じ発音がいくつかのことばに使われている
　ということ
⑦「歔欷」や「輻輳」などはじめて見た難しい
　漢字でも、音を表す要素から読み方が推測で
　きること

文法表現を学ぼう

ステップ1

問1

❶①と，②に　❷①で，②ば　❸①は，②も
❹①を，②が　❺①と，②を

問2

①されている　②によって　③において
④のに対し　⑤もたず　⑥占めている

ステップ2

練習

❶a　❷c　❸b　❹e　❺a　❻d
❼①c，②b　❽①a，②d　❾①e，②e
❿①a，②b　⓫①a，②c，③a

第5課　敬語を学ぼう

読む前に考えてみよう

2.

①丁　②謙　③×　④尊　⑤謙　⑥丁　⑦謙
⑧丁　⑨尊

3.

❶①［×］メチャ→大変，忙しそう→お忙しそ
うですね，手伝ってあげようか→手伝ってさ
しあげましょうか／お手伝いしましょうか／
お手伝いいたしましょうか，②［○］
❷［×］来ました→いらっしゃいました
❸［×］書かせて→書いて
❹①［○］，②［×］いただいて→お受け取りに
なって
❺①［○］，②［×］おられます→おります

読んで理解しよう

問1

❶①b，②c，③a　❷①a，②c，③a
❸①a，②c，③b　❹①a，②b　❺①a，②b
❻①a，②b　❼①c，②b，③a

問2

①×　②○　③○　④×　⑤×　⑥○
⑦×　⑧○

問3

1. 主語〈Ⅱ・Ⅲ人称〉を高める
2. 社長がスピーチをなさった等
3. 〈Ⅱ・Ⅲ人称〉を高め、主語〈普通はⅠ人称〉
　を補語より低く位置づける
4. 私が社長をご案内した等
5. 主語〈Ⅰ人称〉を低め、聞手に丁重さを示す
6. 私もその会に出席いたします等
7. 主語を低めるわけではなく、単に聞手に対す
　る丁重さをあらわすために使われる謙譲語
　Ⅱ。ただし、主語は〈高める必要のないⅢ人
　称〉でなければならない
8. 車がまいりました等
9. 補語〈Ⅱ・Ⅲ人称〉を高め、主語〈Ⅰ人称〉
　を低め、聞手に丁重さを示す。「お／ご〜い
　たす」のみ
10. ［私があなたを］ご案内いたしましょう等

11. 聞手に敬意を表す
12. これは本です等
13. 話手が「きれいに」述べる
14. お菓子・ご飯等
15. 話手が改まって述べる
16. 本日・先程等

問4
①2007年に文化審議会が「敬語の指針」で示した敬語の五種類
②敬語の三分法
③「お／ご～する」タイプ謙譲語Ⅰと「お／ご」の付かない謙譲語Ⅱの両方
④敬語を尊敬語・謙譲語・丁寧語の三つに分けること
⑤登場人物に関わる〈話題の敬語〉
⑥話題の人物の上下や、内か外かといったことを考えなくてもよい、誰でも使える〈対話の敬語〉
⑦第三者ではなく聞手を主語として尊敬語を使う場合

文法表現を学ぼう
ステップ1
問1
❶①が／の，②で／に ❷①を，②まで／へ／に
❸①に，②も ❹①か，②か ❺①が，に
❻①から，②の，③へ，④の
問2
①分けられる ②に対する ③さらに
④ことで ⑤一方 ⑥とすれば ⑦に対し
⑧考えずに

ステップ2
文法：練習
❶①○，②○，③後輩，④先輩
❷①○，②×，③先輩，④後輩
❸①×，②×，③先輩，④後輩
❹①○，②○，③娘，④父親
❺①○，②×，③父親，④娘
表現：練習
1. いらっしゃる／おいでになる
2. おる

3. いらっしゃる／おいでになる
4. まいる
5. まいる
6. なさる／される
7. いたす
8. おっしゃる
9. 申す／申し上げる
10. 召し上がる
11. いただく
12. お会いになる
13. お見せになる
14. お聞かせになる
15. お借りになる
16. お思いになる
17. おあげになる
18. おもらいになる

第6課　カタカナはどんなときに使われる？

読む前に考えてみよう
1.
①ひらがな：和語、助詞、送りがな、ふりがな等
　漢字：名詞、形容詞、動詞の語幹、地名、人名等
　カタカナ：外来語、擬態語・擬音語、強調等
②新しい、かっこいい、外国語をよく知っている、頭がいい等
2.
①ヘタ，デブ，マズ(い)
②センパイ，ヘタ，(元)カレ，ハイキュー
③パパ，ストレイドッグス，デブ，ラブ，エルフ

読んで理解しよう
問1
❶c ❷①b，②a ❸c ❹c ❺a
問2
①○　②○　③×　④○　⑤×　⑥×　⑦○
問3
❶①女らしい，②平安，③公的，④私的
❷①子どもっぽい，②複雑，③難しい，④先，⑤後

❸①画数，②曲線，③鋭い

❹①外来語，②外国風，③新しい，④漢字

問4

①漢字やひらがなを使うことによって生じるイメージを避けたいから。

②マンガの主人公がジェンダーや年齢を超えた「自分らしさ」を追求する人物として描かれるから。

③カタカナのもつ「鋭さ」や「エッジ感」が，主人公が強く求める「自分らしさ」のイメージと合致する。

④a. 70年代は主に登場人物のモノローグに使われていたが，今日では登場人物のセリフに多く見られる。

b. 70年代は文末の表現に偏っていたが，今日ではあらゆる品詞に使われている。

⑤70年代の少女マンガの登場人物は「やさしい」「弱い」「やわらかい」というイメージをもつ人物として描かれており，特殊カタカナ語はそのイメージを壊さない程度にしか使われていなかったから。

問5

①その前の例にあるように，慣例的には漢字またはひらがなで表記されるべきであるにもかかわらず，カタカナで表記されるような

②漢字，ひらがな，カタカナのもつ異なったイメージ

③「子どもっぽい」「簡単」「やさしい」というイメージ

④特殊カタカナ語の使用

⑤70年代の少女マンガでの特殊カタカナ語の使用が，登場人物のモノローグと文末表現に限定されていたこと

⑥「やさしい」「弱い」「やわらかい」といったイメージ

文法表現を学ぼう

ステップ1

問1

❶①で，②と　❷①から／で，②の　❸①に，②を

❹①が，②か　❺①で，②に

問2

①から　②たとえば　③ゆえに　④しかし

⑤において　⑥必ずしも　⑦なぜなら

⑧そこで　⑨つまり

ステップ2

練習

❶①守られる，②描かれていない

❷含まれている　❸習得される

❹与えられている　❺壊されていない

第7課　擬音語・擬態語はおもしろい

読む前に考えてみよう

2.

❶キャッキャッ　❷ゆらゆら　❸つるつる

❹もじもじ　❺チンチン　❻はらはら

❼うるうる　❽①ワンワン，②コケコッコー

❾つやつや　❿あざあざ

読んで理解しよう

問1

①○　②×　③○　④×　⑤×　⑥○　⑦○

問2

❶①a，②b　❷①b，②c　❸b　❹①a，②b

❺g

問3

❶文化史　❷①身近な，②占って，③聞こえると

❸①関心／興味，②引き離されている

❹①室町，②見世物　❺①満足そうな，②恐怖心

❻①変化，②付き合い方

問4

①擬態語を区別して使うことで登場人物の人柄を象徴させるから。

②紫の上という女主人公の美しさを形容するためだけに使う。

③「けざけざ」はすっきりと際立つ美しさを持つ玉鬘という女性にのみ用いる。「おぼおぼ」は正体のつかみにくい浮舟という女性にだけ使う。

④「つやつや」は女主人公格の女性にのみ使われる。「はらはら」は二次的な美しさを持つ

脇役的な女性に使われる。「ゆらゆら」は小さな子供の髪の美しさに使われる。
⑤登場人物の人柄や美しさの違いを表現している。

問5

①現代語でも使われるが何か変だと思われる擬態語・擬音語

②『大鏡』に出てくる「ひよ」という犬の鳴き声が気になったこと

③古典では濁音と清音を区別して表記しないので、現代人には『大鏡』に出てくる犬の鳴き声が「ひよ」か「びよ」か分からないこと

④動物の声を写す擬音語の歴史を追求する中で明らかになった事実

⑤衣服や枕や顔といった他の物

⑥擬態語を区別して使用することで人物造型をすること

⑦『源氏物語』をはじめとする古典や昔の資料で巧みに使われているように

文法表現を学ぼう

ステップ1

問1

❶①に，②が／から　❷①と，②で　❸①と，②か，③か　❹も　❺①に，②を，③に

問2

①ほど　②わけではない　③にのみ
④によって　⑤にしか　⑥に限られる　⑦限り

ステップ2

練習1

①[b] 言えないで　②[a] 外せない作品
③[c] 読まなければならない
④[a] 知られていない事実
⑤[a] 延期しなければならなかった

練習2

①言わずに　②仕上げねばならぬ（ない）
③あきらめざるをえなかった　④見逃せぬ
⑤働かざる者／働かぬ者

考えをまとめ、書いてみよう

1. 日本語の動詞の多くが基本的な動きしか表さ

ない。どのように動くかという様子や状態は擬音語・擬態語を使って表すことが多い。

2. ① ドンドン　② トントン　③ キラキラ
④ ギラギラ　⑤ ペラペラ　⑥ ベラベラ
⑦ さらさら　⑧ ざらざら　⑨ ふかふか
⑩ ぶかぶか　⑪ ギャーギャー
⑫ キャーキャー

濁点がつくと、重い感じ、よくないイメージが出る。

第8課　ことばは変化する

読む前に考えてみよう

1. ①可能　②尊敬　③可能　④受け身
⑤可能／自発　⑥受け身　⑦可能　⑧尊敬

2. 「ら」がないから。

3. ① ○可能　② ×尊敬　③ ○可能
④ ×受け身　⑤ ○可能／×自発
⑥ ×受け身　⑦ ○可能　⑧ ×尊敬

読んで理解しよう

問1

従来は「見られる」「食べられる」とされている可能表現から「ラ」が抜けて、「見れる」「食べれる」となった形

問2

① ×　② ×　③ ○　④ ×　⑤ ○　⑥ ○

問3

❶①b，②a　❷①c，②c　❸①b，②a
❹①a，②a，③b　❺①b，②c

問4

❶①ル・ラル，②読まれる　❷①読むる，
②読めた　❸①五段活用，②可能　❹①動ける，
②走れる　❺①江戸時代，②明治

問5

❶①c，②b　❷①b，②a，③b　❸①c，②a，
③c　❹①a，②b，③a

問6

①ラ抜きことばが可能を表すことによって、レル・ラレルの機能が軽減され、受け身と尊敬のみになる。

②受け身のレル・ラレルは全国どこでも使われ
　るので、もしラ抜きことばが可能と受け身を
　区別するために生まれたのなら、全国同じよ
　うに広がっていいはずである。しかし、ラ抜
　きことばはレル・ラレルを尊敬表現として使
　う地域でいち早く生まれ、そうでない地域に
　は広がっていない。したがって、ラ抜きこと
　ばは可能と尊敬を区別するために広がったと
　考えるべきである。
③文法規則を学ぶことは決して退屈でも不必要
　なことでもなく、大変興味深い。
④「する」の可能形が「せる」になり、動詞の
　長さに関係なく可能形が「同情せる」「ス
　トップせる」「愛せる」で表わせるように
　なったとき。
問7
①奥行きが深くて面白いことばの最初に挙げら
　れる例
②可能と受け身を区別するというようなことば
　の明晰化に向かう言語変化
③ラ抜きことばを先に採用した地域は、尊敬表
　現にレル・ラレルをよく使うので、可能と尊
　敬を区別する必要があった。逆に、ラ抜きこ
　とばが広がらなかったのは、レル・ラレルを
　尊敬の意味で使わない地域であり、可能と尊
　敬を区別する必要がなかったので、ラ抜きこ
　とばの必要性がなかったということ
④尊敬のつもりで使ったレル・ラレルが可能の
　意味にとられるような誤解
⑤ことばの歴史的変化が文法の活用規則にあっ
　た形で進んでいること
⑥「読める」などの五段活用動詞の短い可能表
　現
⑦「する」の可能形が「せる」となり、「同情せ
　る」「ストップせる」のように長いサ変動詞
　にも「せる」をつけることで可能形を表すこ
　とができる表現

文法表現を学ぼう
ステップ1
問1
❶①で，②の　❷①が，②まで　❸①が／の，

②を　❹①に，②と，③か　❺①で／に，②ば
問2
①のには　②もう一つ　③まず　④おそれ
⑤次に　⑥考えられる　⑦はず　⑧おり
⑨というわけで

ステップ2
練習1
❶①泳げる，②貸せる，③立てる，④死ねる
⑤遊べる，⑥読める，⑦走れる，⑧会える
練習2
❷①見られる，②見れる，③寝られる
④寝れる，⑤食べられる，⑥食べれる
練習3
①○　②×［受け身］　③×［尊敬］　④○
⑤×［自発］　⑥×［受け身］　⑦○
⑧×［尊敬］　⑨×［受け身］　⑩○

第9課　方言を見てみよう

読む前に考えてみよう
1.
①ちゅうぶちほう　②とうほくちほう
③さんいんちほう　④ながのけん
⑤やまなしけん　⑥しずおかけん
⑦あいちけん　⑧ふくしまけん　⑨ちばけん

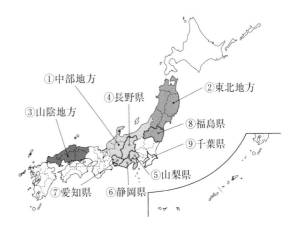

①中部地方　④長野県　②東北地方
③山陰地方　⑧福島県　⑨千葉県
⑤山梨県　⑦愛知県　⑥静岡県

読んで理解しよう
問1
①○　②×　③○　④×　⑤×　⑥○

⑦×

問2
❶c ❷①a，②b ❸a ❹c ❺①a，②b
③b ❻b，❼c

問3
①a.「誰が言うだ」 b.「言うは誰だ」
c.「言うはわからない」 d.「言うを伝える」
②「言うだ」の「言う」のように準体法が使われる地域だから。
③よく使われる表現は「誰が言うだ」と「言うは誰だ」で、ほとんど使われない表現は「言うを伝える」である。「言う」という具体的な動作から離れた表現ほど使われなくなることがわかる。
④「行くだ」「言うだ」のような表現は、「行くのだ」「言うのだ」の「の」が脱落したものではない。

問4
①「だ」が動詞に直接つく表現
②「雨が降っているので」という意味で中部地方で使われる「雨が降っているで」という表現
③標準語に存在するものが方言になかった場合、方言では脱落したと考えること
④「言う」という語形が「言うこと」という動作を含む状況を表す名残
⑤「言うのだ」の「の」が「言うこと」という意味を表すために成立した表現形式
⑥「言う」という動詞の意味が具体的な動作から離れていくほど、使用されなくなるという対応関係

文法表現を学ぼう
ステップ1
問1
❶①を，②まで ❷①で，②か ❸①と，②に
❹①ば，②も ❺①に，②から／で ❻①が／の
②より／の
問2
①のだろうか ②のように ③がちである
④べきなのだろう ⑤知られている
⑥だけでなく ⑦ために ⑧後で

⑨したがって

ステップ2
練習
①逃げる→逃げること、逃げるの
②負ける→負けること、負けるの、負ける人
③みえる→みえること、みえる世界
④あんずる→あんずること、あんずるの（心配すること）、うむ→うむこと、うむの
⑤できる→できること、できるの

第10課　これからの日本語

読んで理解しよう
問1
①平時に外国人（言語的マイノリティ）に情報を提供するときの日本語のあり方
②成人在住外国人
③外国にルーツを持つ子どもたち
④日本語母語話者　⑤居場所　⑥公的保障
⑦共通言語　⑧地域　⑨高校卒業
⑩国際日本語
問2
❶①a，②a，③b ❷c ❸①c，②a
❹①c，②a ❺①b，②b
問3
①×　②○　③×　④○　⑤×　⑥○
問4
①地域の共通言語は外国人と日本語母語話者の両方が理解できるような日本語であること
②日本語母語話者には、発音やことば遣いだけで人格や能力を判断したり、差別したりしないような日本語のバリエーションを許容する力が必要だということ
③外国人が分かるような表現を使うことで、日本語母語話者は表現力やコミュニケーション力を磨くことができる。また、様々な日本語のバリエーションを許容することで、日本語は「日本人」だけが使うものというような差別意識をなくすことができる。それが日本語の国際化につながる。

問5
①「マイノリティのための〈やさしい日本語〉」と「マジョリティにとっての〈やさしい日本語〉」

②外国人が定住目的で日本に入国する際に、公的費用を用いてプロの日本語教師が行う、実用的かつ費用対効果の高い一定の日本語教育

③地域で行われる日本語教育は学校型日本語教育とは異なり、主に学校で行われている「文型積み上げ式」を持ち込むことができないという点

④「移民」の子どもを配慮した「移民」受け入れ政策を進め、経済的／社会的に排除された階層を作り出さないようにすること

⑤相手の意見を受け入れつつ、自らの意見を相手に認めさせる能力

⑥わからないところがはっきり指摘され、言語自体で相手を説得できたかどうかがはっきりするようなインターアクション

⑦発音やことば遣いでその人の人格や能力を判断し、差別しようとする意識

文法表現を学ぼう
ステップ1
問1
❶①が／の，②と　❷①に，②で　❸①に，②か
❹①に／の，②と／に　❺①の，②も
❻①から，②を

問2
①だけでなく　②上で　③さらに　④なら
⑤あり得ない　⑥すれば　⑦ことは
⑧からである　⑨いても　⑩として

ステップ2
練習
①c　②a，b，c　③c　④a，b，c
⑤a，b　⑥c　⑦a，b

単語リスト

*がついたことばは「漢字と語彙を覚えよう」シート《⇨ Web サイト》で練習しよう。

行	単語	英語
	第 1 課　言葉に敏感になろう	
	意味（する）	meaning
	違い目	difference
2	向ける	to turn towards
3	*文章	passage
	*単語	word, vocabulary
	*成り立つ	to be composed of
	ほぐす	to break into small pieces
	結局	after all, in the end
4	達する	to reach, to get to
	建築（する）	architecture
	煉瓦	brick
	喩える	to compare (something) to, to use a metaphor
5	適切（な／に）	appropriate, adequate
	配置（する）	arrangement (of resources)
	均一（な／に）	uniformity, equality
6	*組み立てる	to assemble, to construct
	*異なる	to differ, to vary
7	お互い	each other, one another
	*微妙（な／に）	subtle, delicate
	応じる	to respond
	*敏感（な／に）	sensitive
13	献立	menu
19	*区別（する）	differentiation
23	*理性的（な／に）	rational, logical
	働き	function, operation
	*感情的（な／に）	emotional
26	例	example
27	故郷	home town
	はるかな	far-away
	ベネチア	Venice, Italy
	不満	dissatisfaction
28	万が一	if by any chance, just in case
	段取り	procedure, programme
30	あるいは	or, either
	片方	one side
31	甲乙	A and B
	図	diagram
33	*重なる	to overlap
34	部分	portion, part
37	費やす	to spend
38	当たる	to be applicable
40	交換（する）	exchange, interchange
42	取り上げる	to deal with, to feature
44	ニュアンス	nuance
45	*鋭く	sharply, keenly
	明らか（な／に）	clearly, evidently
	*意識（する）	consciousness, awareness
	使い分ける	to use properly
50	それぞれ	each
51	思いこむ	to assume
52	考え出す	to come up with an idea
53	信じる	to believe
54	*関わる	to have to do with
	あれこれ	this and that
	しきりに	frequently, repeatedly
55	めぐらす	to think over
56	記憶（する）	memory
	よみがえらせる	bring somebody back to life
57	工夫（する）	figuring out, coming up with
	生む	to produce
61	置き換える	to replace
62	思い知る	to realize
63	思いとどまる	to give up (a plan or idea)

No.	日本語	English
64	思い浮かべる（おも　う）	to call to mind
65	思いおこす（おも）	to recall
67	恨み（うら）	resentment
68	相手（あい て）	other party, addressee
	* 抱く（いだ）	to embrace, to hold
70	胸（むね）	heart, mind
	突っ走る（つ ばし）	to dash, to rush
71	抑える（おさ）	to restrain (e.g. emotions), to control
73	これに対して（たい）	on the other hand
74	いくつか	some, several
	材料（ざいりょう）	subject matter, basis (for a decision)
76	イメージ	image, impression
77	* 比較（する）（ひかく）	comparison
78	* 選択（する）（せんたく）	selection, choice
	* 構成（する）（こうせい）	organization
79	さかのぼる	to go upstream
80	罪人（ざいにん）	criminal
	刑罰（けいばつ）	punishment
	処する（しょ）	to sentence, to condemn
81	日本書紀（に ほんしょ き）	Nihon-Shoki, the Chronicles of Japan
	求める（もと）	to seek, to search for
83	向き合う（む あ）	to face, to confront (an issue)
	犯罪者（はんざいしゃ）	criminal
	実際（に）（じっさい）	actually
	悪事（あく じ）	crime, calamity
84	条文（じょうぶん）	provisions (act, treaty)
	決定（する）（けってい）	decision, determination
85	戸籍帳（こ せきちょう）	family register
	田畑（た はた）	fields (of rice and other crops)
87	最古（さい こ）	the oldest
	現在（げんざい）	current, present
	企画（する）（き かく）	planning, project
92	恋する（こい）	to fall in love with
93	姿（すがた）	figure, image
	じっと	intently (e.g. listen, think), firmly (e.g. hold)
94	告白（する）（こくはく）	confession
95	感じる（かん）	to feel, to sense
98	観念（かんねん）	idea, notion, concept
99	* 含む（ふく）	to contain, to include
	* 合格（する）（ごうかく）	passing (e.g. exam)

お茶を一杯

No.	日本語	English
101	飛ばす（と）	to skip over, to leave out
103	デカルト	Rene Descartes
	哲学（てつがく）	philosophy
	基本原理（き ほんげん り）	fundamental principle
104	ラテン語（ご）	Latin (language)
	英和（えい わ）	English-Japanese (e.g. dictionary)
105	項目（こうもく）	item, headword (in a dictionary, encyclopedia, etc.)
	昔ながら（むかし）	the same as it was long ago, unchanged
	我（われ）	I
	ゆえに	therefore
	あり	ある to exist
106	訳す（やく）	to translate
	共に（とも）	together, jointly
107	事物（じ ぶつ）	things, affairs
	まとめる	to put (it all) together, to consolidate
108	不的確（な／に）（ふ てきかく）	inaccurate, inappropriate
109	むしろ	rather, instead

第2課　日本語らしい表現とは？
「お茶が入りました」

No.	日本語	English
	他人（た にん）	other people
	* 考慮（する）（こうりょ）	consideration
2	主婦（しゅ ふ）	housewife
	書斎（しょさい）	study, home office
	亭主（ていしゅ）	husband
	呼びかける（よ）	to call out
4	平凡（な／に）（へいぼん）	ordinary, common
	何と（なん）	what, how
	* 自然（な／に）（し ぜん）	natural, spontaneous

5	湯 ゆ	hot water
	* 沸かす わ	to boil (transitive verb)
	土瓶 どびん	earthenware teapot
	* 注ぐ そそ	to pour (into)
6	ちょっとした	decent
	菓子 かし	confectionery, sweets
8	* 行為 こうい	deed, act
	* 恩 おん	favor, obligation (e.g., 恩に着せる)
	言い方 いかた	way of saying
9	相手 あいて	other party, addressee
	不快（な） ふかい	displeasure, discomfort
	現象 げんしょう	phenomenon
10	述べる の	to state, to express
12	わく	to boil (intransitive verb)
13	その他 ほか	the rest, the others
	すべて	all
	表現（する） ひょうげん	expression
14	お手伝い てつだ	maid, helper
	雇う やと	to employ, to hire
15	人間 にんげん	person
	茶碗 ちゃわん	rice bowl, tea cup
	* 割る わ	to break, to crack (transitive verb)
16	割れる わ	to break, to crack (intransitive verb)
18	力任せ ちからまか	with all one's strength
	壁 かべ	wall
	粉々 こなごな	in very small pieces
19	滑り落ちる すべ お	to slip out of
	* 勝手（な／に） かって	voluntarily
20	* 了見 りょうけん	thought, idea
21	不注意（な） ふちゅうい	carelessness, thoughtlessness
22	結果 けっか	result, consequence
	叩きつける たた	to throw violently against, to slam against
23	* 責任 せきにん	responsibility
25	* 手柄 てがら	achievement, meritorious deed
	極力 きょくりょく	to the utmost, to the best of one's ability

	* 隠す かく	to hide
	* 落度 おちど	fault, error
26	* 認める みと	to admit
	* 心遣い こころづか	consideration (for), thoughtfulness
27	理解（する） りかい	understanding
28	同時（に） どうじ	same time
30	尋ねる たず	to ask
	野崎昭宏 のざきあきひろ	Nozaki Akihiro
	ユダヤ人 じん	Jewish person
35	つい	unintentionally, by mistake
37	やかましい	noisy, faultfinding

「はい」と「いいえ」

40	* 典型的（な／に） てんけいてき	typical, representative
	例 れい	example
41	使い分ける つか わ	to use properly
42	単純（な／に） たんじゅん	simple
43	含む ふく	to contain
44	筆者 ひっしゃ	(often in self-reference) author
45	とにかく	anyway
51	* 察する さっ	to guess, to sense
53	あるいは	or
54	解する かい	to understand
55	ところが	even so, however
56	* 予想（する） よそう	expectation, anticipation
58	複雑（な／に） ふくざつ	complicated
	金田一秀穂 きんだいちひでほ	Kindaichi Hideho (1953.5.5-)
65	動詞 どうし	verb
	誘う さそ	to invite
	単なる たん	mere, simple
66	否定的（な／に） ひていてき	negative
	疑問 ぎもん	question
68	に対して たい	for, in regard to
	* 賛成（する） さんせい	approval, agreement
69	小泉八雲 こいずみやくも	Koizumi Yakumo (Patrick Lafcadio Hearn)
	乙吉 おときち	Otokichi

14

	だるま	daruma, round, red-painted good-luck doll
	短篇 たんぺん	short story
	下宿（する） げ しゅく	board and lodging
	焼津 やいづ	Yaizu
70	魚屋 さかな や	fish dealer
	一応 いちおう	pretty much, for the time being
	応答（する） おうとう	reply
71	* 習慣 しゅうかん	habit, custom
	珍しい めずら	rare, novel
72	韓国 かんこく	South Korea, Republic of Korea

第3課　日本語らしい表現とは？

赤い太陽、黄色い太陽

	* 太陽 たいよう	sun
2	十数年 じゅうすうねん	ten-odd years
	米国 べいこく	United States of America
	イリノイ	Illinois
	言語学科 げん ご がっか	Department of Linguistics
3	言語社会学 げん ご しゃかいがく	sociolinguistics
	* 講義（する） こう ぎ	lecture
4	草花 くさばな	flower, flowering plant
	植える う	to plant
	地元 じもと	local
5	レース編み あ	lacework
6	突然 とつぜん	suddenly, unexpectedly
8	クロスワード・パズル	crossword puzzle
10	ヒント	hint
	従う したが	to follow
11	文字 も じ	letter (of alphabet), character
	欄 らん	field, section
	余る あま	to be in excess
12	思いつく おも	to think of, to to come into one's mind
	色彩 しきさい	color
	黄 き	yellow
	上下・左右 じょう げ　さ ゆう	top and bottom, left and right

13	ピッタリ（する）	perfect fit
14	さっそく	immediately
15	知人 ち じん	acquaintance
16	馬鹿（な） ば か	fool, stupidity
	わざわざ～する	take the trouble to do ~
	調子 ちょう し	tone, manner
17	驚く おどろ	to be surprised
18	白地 しろ じ	white background, blank
19	日の丸 ひ　まる	the rising sun
	染める そ	to dye
	旗 はた	flag
20	梅干し うめ ぼ	pickled dried plum
	* 描く かえが	to draw
21	すべて	all, entirely
22	確信（する） かくしん	belief, confidence
	* 育てる そだ	to grow, to develop
23	率直（な／に） そっちょく	frank, candid
	* 反応（する） はんのう	reaction, response

仏語・独語と露語

24	仏語 ふつ ご	French (language)
	独語 どく ご	German (language)
	露語 ろ ご	Russian (language)
26	絵本 え ほん	picture book
	図鑑 ず かん	illustrated reference book
27	レモン・イエロー	lemon yellow
28	同上 どうじょう	same as above
29	口絵 くち え	frontispiece
	参照（する） さんしょう	reference
30	なんとも	quite
	嫌（な） いや	unpleasant
31	* 問題意識 もんだい い しき	awareness of the issues
	せっかく	rare
	貴重（な） き ちょう	precious, valuable
	* 情報 じょうほう	information
32	素通り す どお	passing by
	人間 にんげん	human being
33	違う ちが	differ

	固有 こゆう	inherent
34	与える あた	to give
	生 なま	raw, authentic
	一部 いちぶ	part
	消去（する） しょうきょ	elimination
	都合 つごう	one's convenience
	曲げる ま	to distort
	* 解釈（する） かいしゃく	interpretation
35	* 傾向 けいこう	tendency
	気付く きづ	to notice, to recognize
36	古人 こじん	ancients
	ども	even though, even if
	むしろ	rather
	正常（な／に） せいじょう	normality
37	あり方 かた	the way something ought to be
38	さて	well, now
	事件 じけん	event, incident
	きっかけ	occasion
	ごと	every time
	諸言語 しょげんご	various languages
39	その結果 けっか	as a result
41	言語圏 げんごけん	language area
	一様（な／に） いちよう	uniform, unvarying
	判明（する） はんめい	ascertaining, identifying
42	恐らく おそ	probably, likely
43	東欧 とうおう	Eastern Europe
	スラヴ	Slav
	地域 ちいき	area, region
	可能性 かのうせい	likelihood, possibility

ある宇宙物理学者の体験

44	宇宙物理学 うちゅうぶつりがく	astrophysics
	体験（する） たいけん	personal experience, first-hand experience
45	事実 じじつ	fact, reality
46	意外（な／に） いがい	unexpected, surprising
	* 調査（する） ちょうさ	investigation, examination
	推測（する） すいそく	guess, conjecture

	もとづく	to be grounded on, to be based on
47	結論（する） けつろん	conclusion
	桜井邦朋 さくらいくにとも	Sakurai Kunitomo (1933.5-)
	教授 きょうじゅ	professor
48	著書 ちょしょ	book, writings
	述べる の	to state, to mention
	明らか（な／に） あき	clear, evident
49	万国共通 ばんこくきょうつう	worldwide, universal
	実際 じっさい	in reality, actually
50	話題 わだい	topic
51	漠然と ばくぜん	vague
52	いささか	somewhat, slightly
53	風土 ふうど	climate
54	更に さら	furthermore
	同書 どうしょ	the same book
55	帰国（する） きこく	return to one's country
	不思議（な） ふしぎ	strange, incredible
56	無意識（な／に） むいしき	unconsciousness
	強制（する） きょうせい	compulsion, forcing (to do)
57	文化人類学 ぶんかじんるいがく	anthropology
	顔まけ かお	being put to shame, feeling embarrassed
58	真赤（な） まっか	bright red, deep red
59	お日様 ひさま	the Sun
	結ぶ むす	to conclude

自然科学と人文・社会科学

61	自然科学 しぜんかがく	natural science
	人文 じんぶん	humanity
62	既に すで	already
	オレンジ	orange (color)
	学問 がくもん	scholarship, study
	目的 もくてき	purpose
63	学ぶ まな	to study (in depth)
	人々 ひとびと	people
64	* 認識（する） にんしき	awareness, perception
	関心 かんしん	interest
	* 示す しめ	show, to demonstrate
65	子供じみた こども	childish, child-like

	つまらぬ	uninteresting, boring
	対象 たいしょう	target, object of study
66	明らか（な／に） あき	clear, obvious
	軽蔑（する） けいべつ	contempt
	隠す かく	to hide
67	哲学 てつがく	philosophy
	－系 けい	group, lineage
68	大半 たいはん	majority
	文献 ぶんけん	literature, books (reference), document
	直接 ちょくせつ	direct, immediate
69	交流（する） こうりゅう	(cultural) exchange, interaction
	限る かぎ	to restrict, to limit
70	具体的（な／に） ぐたいてき	concrete
	眼 め	eye
71	客観的（な／に） きゃっかんてき	objective
	数字 すうじ	numeral, figure
	つまり	in short, in other words
72	＊頼る たよ	to rely on, to depend on
	唯一 ゆいいつ	only, sole
	決め手 きて	conclusive factor
	言いすぎる い	to overstate, to go too far
73	領域 りょういき	area
74	含む ふく	to include
75	ただ	but, however
76	両者 りょうしゃ	both sides, both parties
	全く まった	entirely, completely
77	性質 せいしつ	nature
	異なる こと	to differ, to vary
78	前者 ぜんしゃ	the former
	記号 きごう	symbol
	単語 たんご	word
	自己完結的（な／に） じ こ かんけつてき	self-contained
79	後者 こうしゃ	the latter
	および	and, as well as
	限界 げんかい	limit, bound
	不明瞭（な／に） ふ めいりょう	unclear, unintelligible
80	言外 げんがい	unspoken, implied

	＊支える ささ	to support
	前提 ぜんてい	assumption
	＊歴史 れきし	history
	＊背景 はいけい	background
81	無視（する） むし	disregarding, ignoring
82	テクスト	text
	理解（する） りかい	understanding, comprehension
83	望む のぞ	to expect

自覚と検証

84	＊自覚（する） じ かく	self-consciousness, self-awareness
	＊検証（する） けんしょう	verification
85	明示的（な／に） めいじてき	explicit
	まさに	exactly
86	状態 じょうたい	situation
87	実験（する） じっけん	experiment
	観察（する） かんさつ	observation
	論理的（な／に） ろんりてき	logical
88	＊考察（する） こうさつ	consideration
89	＊正確（な／に） せいかく	accurate
90	方法 ほうほう	method, technique
	数多く かずおお	in great numbers
	存在（する） そんざい	existence
92	読み方 よ かた	interpretation (e.g. of a text), reading
	誤り あやま	error, mistake
93	迫る せま	to compel, to urge
94	解読（する） かいどく	deciphering, decoding
95	無 む	none, nothing
	等しい ひと	equal
	相違 そう い	difference, discrepancy
96	手間ひま て ま	time and effort
97	ある程度 ていど	to some extent
	肝心 かんじん	essential, crucial
98	欠如（する） けつじょ	lack
	勝手（な／に） かって	one's own way
	内容 ないよう	content
100	武器 ぶき	weapon
102	全体 ぜんたい	whole, entirety

	はなはだしい	terrible
	不毛（な） ふもう	infertile, unproductive (e.g. discussion)
103	欠ける か	to lack
	詳しい くわ	detailed, full
	論じる ろん	to discuss
	繰返す くりかえ	to repeat

第4課　漢字について考えよう

表音文字と表意文字

1	＊文字 も じ	character, letter (of alphabet)
3	表音文字 ひょうおん も じ	phonetic representation
	表意文字 ひょう い も じ	ideography
10	鳩 はと	pigeon
12	＊表す あらわ	to represent, to signify
13	～に対して たい	for, in regard to, per
14	ローマ字	romanized Japanese
	単に たん	simply, merely
16	固有（な／に） こ ゆう	inherent
17	逆に ぎゃく	conversely
	特定（する） とくてい	specific, particular
18	地表 ち ひょう	ground surface
	流れる なが	to stream, to flow
	細長い ほそなが	long and narrow
19	植物 しょくぶつ	plant, vegetation
	外側 そとがわ	outside, outer
	部分 ぶ ぶん	part, portion
	皮 かわ	skin
20	器官 き かん	organ
21	種子 しゅ し	seed
	成長（する） せいちょう	growth
22	芽 め	sprout, bud
24	個別（な／に） こ べつ	individual
25	具体的（な／に） ぐ たいてき	concrete
	＊抽象的（な／に） ちゅうしょうてき	abstract
26	＊概念 がいねん	concept, notion
	家来 け らい	retainer, servant
	主君 しゅくん	lord, master
	つくす	to commit, to exhaust

	仕える つか	to serve, to work for
27	忠 ちゅう	loyalty
	液体 えきたい	liquid
	容器 よう き	container
	動作 どう さ	action, behavior
28	注 ちゅう	pouring
	穀物 こくもつ	grain
	たわわ（な／に）	heavily laden (of a branch)
	実る みの	to bear fruit, to ripen
	神 かみ	god
	感謝（する） かんしゃ	thanks, gratitude
29	豊 ゆたか	abundant
30	お供え（する） そな	offering
	かたどる	to figure, to model in
31	規則 き そく	rule, regulation
	法 ほう	law
34	人間 にんげん	human being
	＊暮らす く	to live, to get along
	＊環境 かんきょう	environment, circumstance
	無限（に） む げん	infinity
	存在（する） そんざい	existence, being
35	発する はっ	to let out, to produce
	音声 おんせい	voice, speech
36	＊表記（する） ひょう き	orthography
38	たかだか	at most
	数十 すうじゅう	dozens
	種類 しゅるい	kind, type
	組み合わせる く あ	to compound, to combine
41	＊増える ふ	to increase
	宿命 しゅくめい	fate, destiny

漢字を組みあわせる

42	複体 ふくたい	complex
44	造字 ぞう じ	kanji formation
45	段階 だんかい	phase, steps
	＊象形 しょうけい	hieroglyphics
	指事 し じ	indicative (kanji whose shape is based on logical representation of an abstract idea)

	方法 <small>ほうほう</small>	process, way
*	基本的（な／に） <small>きほんてき</small>	fundamental
	一通り <small>ひととお</small>	bit of everything, whole process
46	文 <small>ぶん</small>	statement, figure
48	会意 <small>かいい</small>	compound ideograph formation (one of the six kanji classifications)
*	形声 <small>けいせい</small>	phono-semantic character, kanji consisting of a semantic and a phonetic element
50 *	総合的（な／に） <small>そうごうてき</small>	comprehensive
*	導く <small>みちび</small>	to guide
55	鳴 <small>な（く）メイ</small>	coo, bark
	例 <small>れい</small>	example
56	右側 <small>みぎがわ</small>	right side
57	〜によって	by means of
	〜に関する <small>かん</small>	to concern, to be related
58	全体 <small>ぜんたい</small>	whole
	大まか（な／に） <small>おお</small>	rough (estimate etc.)
	方向 <small>ほうこう</small>	direction
59 *	符号 <small>ふごう</small>	sign, symbol
	意符 <small>いふ</small>	part of a kanji for which the role is primarily to represent the meaning
	左側 <small>ひだりがわ</small>	left side
60	ヘン	left-hand radical of a character
	ツクリ	right-hand radical of a character
	カンムリ	top kanji radical
61 *	配置（する） <small>はいち</small>	arrangement (of elements)
	アシ	bottom kanji component
	ニョウ	kanji enclosure-type radical
	呼びわける <small>よ</small>	to call
	総称（する） <small>そうしょう</small>	general term
62	偏旁冠脚 <small>へんぼうかんきゃく</small>	the radicals
*	働き <small>はたら</small>	working, function
63	機能（する） <small>きのう</small>	function
66	鳴き声 <small>なごえ</small>	cry (esp. animal), tweet

67	しくみ	system, scheme
68	一方 <small>いっぽう</small>	on the one hand
69	数字 <small>すうじ</small>	numeral, number
70	一羽 <small>ば</small>	ば, ぱ counter for birds
	かたまる	to gather
	寿命 <small>じゅみょう</small>	life span
72	作用（する） <small>さよう</small>	effect, function
73 *	要素 <small>ようそ</small>	element
75	表裏一体 <small>ひょうりいったい</small>	the two views (of an object) referring to the same thing
77	文字化（する） <small>もじか</small>	representing by character
	事物 <small>じぶつ</small>	things
	既存 <small>きそん</small>	existing
78	いくらでも	as many as one likes
80	いくつか	few, some
	同音異義 <small>どうおんいぎ</small>	homophone
	現象 <small>げんしょう</small>	phenomenon
81	すなわち	that is, namely
84	飛躍的（な／に） <small>ひやくてき</small>	rapidly
	数量 <small>すうりょう</small>	quantity
86	世間 <small>せけん</small>	world
87	一割 <small>わり</small>	10%
	実は <small>じつ</small>	as a matter of fact
89	日常的（な／に） <small>にちじょうてき</small>	everyday, day-to-day
90	読み方 <small>よほう</small>	reading
	想像（する） <small>そうぞう</small>	imagination
92	歔欷 <small>きょき</small>	sobbing
	すすりなく	sobbing
93 *	辞書 <small>じしょ</small>	dictionary
94	あてずっぽう	guesswork
	ヤマカン	random guess
96	推測（する） <small>すいそく</small>	infer
	虚 <small>キョ</small>	emptiness
	希 <small>キ</small>	uncommon
97	着目（する） <small>ちゃくもく</small>	attention
	実際（に） <small>じっさい</small>	really, in fact
	あたる	be accurate
99	あるいは	or
	輻輳 <small>ふくそう</small>	congestion

	一ヶ所 いっ　しょ	one place
	集中（する） しゅうちゅう	concentration
100	福 ふく	good fortune
	* 連想（する） れんそう	association (of ideas)
101	奏 そう	to play music
102	可能（な） か のう	possible
	慄然とする りつぜん	stunned, horrified
103	栗 クリ	chestnut
	音読み おん よ	Sino reading
106	* 事実 じ じつ	fact
	感覚的（な／に） かんかくてき	sensible, sensuous, intuitive

第5課　敬語を学ぼう

敬語の種類

	* 敬語 けい ご	honorific language, polite expression
	種類 しゅるい	type, category
4	読者 どくしゃ	reader
	* 尊敬語 そんけい ご	honorific expression
	* 謙譲語 けんじょう ご	humble expression
	* 丁寧語 ていねい ご	polite expression
5	文化審議会 ぶん か しん ぎ かい	Council for Cultural Affairs
	示す しめ	to show, to display
	* 指針 し しん	guideline
6	一体 いったい	(before an interrogative) (what) on earth
7	* 詳しい くわ	detailed
	* 触れる ふ	to touch on
	本書 ほんしょ	this book
8	段階 だんかい	phase, steps
	ひとまず	for now, for the time being
9	* 補足（する） ほ そく	supplement
	加える くわ	to add
10	主語 しゅ ご	subject
	高める たか	to raise
	表現 ひょうげん	expression
	前項 ぜんこう	preceding clause, previous paragraph
12	人物 じんぶつ	person

14	名詞 めい し	noun
16	* 低める ひく	to lower
17	帰宅（する） き たく	returning home
20	大別（する） たいべつ	broad categorization
21	付く つ	to be attached
	異なる こと	to differ
22	趣旨 しゅ し	meaning, intent
23	例 れい	instance, example
	愚息 ぐ そく	(one's) son
24	* 身内 み うち	relatives, one's family
	敬意 けい い	respect
25	* 述べる の	to mention, to express
	* 待遇表現 たいぐうひょうげん	attitudinal expression (indicating the speaker's respect, contempt, etc. for the listener or the person being discussed)
27	聞手 き きて	hearer, listener
28	代表（する） だいひょう	representative
	選手 せんしゅ	player (sports)
	敬度 けい ど	the degree of respect
30	以前 い ぜん	before, previous
	分類（する） ぶんるい	classification
31	指摘（する） し てき	pointing out
	分かれる わ	to divide
32	* 登場（する） とうじょう	appearance
	関わる かか	to be concerned with, to have to do with
	話題 わ だい	topic
33	* 対話（する） たい わ	dialogue, conversation
	前者 ぜんしゃ	the former
35	不十分（な／に） ふ じゅうぶん	insufficient, imperfect
	* 不適当（な／に） ふ てきとう	inappropriate
36	改める あらた	to change, to revise

〈話題の敬語〉と〈対話の敬語〉

41	補語 ほ ご	complement (a linguistic term)
43	立派（な／に） りっぱ	great, praiseworthy
44	特産 とくさん	local specialty
	豚 ぶた	pig, pork

45	天下り あまくだ	high-ranking government officials landing lucrative posts in private companies
	役員 やくいん	executive, offier
	着任（する） ちゃくにん	taking up a new post
46	たまる	to collect, to gather
47	然るべき しか	proper, suitable
	はたまた	or
	要するに よう	in short, to put it simply
52	ふさわしい	appropriate, suitable
55	結果 けっか	result, consequence
	場 ば	place, spot
56	第三者 だいさんしゃ	third person, third party
60	同様（な／に） どうよう	same, similar, (just) like
	自体 じたい	itself
62	区別（する） く べつ	distinction, differentiation
	時枝誠記 ときえだもとき	Motoki Tokieda (linguist) (1900-1967)
	詞 し	independent word
63	辞 じ	ancillary word
	辻村敏樹 つじむらとしき	Toshiki Tsujimura (linguist) (1921-2000)
	素材敬語 そざいけいご	referent honorifics
	対者敬語 たいしゃけいご	addressee honorifics
	渡辺実 わたなべみのる	Minoru Watanabe (linguist) (1926-2019)
	＊説く と	to explain, to explicate
64	重要（な） じゅうよう	important
67	概略的（な／に） がいりゃくてき	schematic, approximate
	前述（する） ぜんじゅつ	aforementioned
68	事実上 じ じつじょう	as a matter of fact, actually
69	もたらす	to bring about
70	そもそも	in the first place
	丁重語 ていちょうご	courteous language (i.e. humble language in which an action or object is not directed toward the listener or a third party)
72	＊制約（する） せいやく	restriction
	不可 ふ か	wrong, improper

73	とどめる	to stop, to put an end to
74	完全（な／に） かんぜん	perfect, complete

敬語の種類の整理

75	＊整理（する） せい り	sorting, organization
76	全体像 ぜんたいぞう	complete picture
79	人称 にんしょう	person, personal
83	召しあがる め	to eat, to drink (honorific)
86	係る かか	to relate to
87	＊動作 どうさ	action
	方面 ほうめん	direction
88	位置づける い ち	to place (in relation to the whole), to rank
91	存じ上げる ぞん あ	to know (humble)
	存じる ぞん	to think, to know (humble)
97	拙著 せっちょ	my (humble) book/work
	小社 しょうしゃ	our (small) company
	弊社 へいしゃ	our (humble) company
98	単に たん	simply, merely
101	中学生 ちゅうがくせい	junior high school student
107	いわば	so to speak
	美化語 び か ご	elegant speech (e.g., the use of the prefixes "o-" and "go-")
108	本日 ほんじつ	today, this day
	先程 さきほど	a short while ago, a moment ago
	＊改まる あらた	to stand on ceremony, to be formal
	準ずる じゅん	to apply correspondingly, to correspond to

第6課　カタカナはどんなときに使われる？

ここで片仮名使うの？

1	片仮名 かた か な	katakana
2	世代 せ だい	generation
	＊対象 たいしょう	target
3	本来 ほんらい	originally
4	示す しめ	to show, to indicate
7	世紀末 せい き まつ	end of a century

8	少女 <ruby>少女<rt>しょうじょ</rt></ruby>	little girl
	<ruby>登場人物<rt>とうじょうじんぶつ</rt></ruby>	character (in a play or novel)
	*<ruby>用いる<rt>もち</rt></ruby>	to make use of
9	<ruby>遅刻<rt>ちこく</rt></ruby>（する）	late coming
	<ruby>表記<rt>ひょうき</rt></ruby>（する）	written representation, transcription
10	<ruby>奢る<rt>おご</rt></ruby>	to give (someone) a treat
	*<ruby>混じる<rt>ま</rt></ruby>	to mix
11	*<ruby>慣例的<rt>かんれいてき</rt></ruby>（な／に）	customary, conventional
12	*<ruby>特殊<rt>とくしゅ</rt></ruby>（な）	special
13	<ruby>頻出<rt>ひんしゅつ</rt></ruby>（する）	frequent occurrence
14	<ruby>例<rt>れい</rt></ruby>	example
15	<ruby>美人<rt>びじん</rt></ruby>	beautiful woman
16	<ruby>偽る<rt>いつわ</rt></ruby>	to lie, to cheat, to pretend
22	<ruby>単に<rt>たん</rt></ruby>	simply, merely
23	ケータイ	mobile phone
24	*<ruby>変換<rt>へんかん</rt></ruby>（する）	conversion
	<ruby>搭載<rt>とうさい</rt></ruby>（する）	loading (on board), equipped (with)
	<ruby>誤変換<rt>ごへんかん</rt></ruby>	misconversion
26	<ruby>好む<rt>この</rt></ruby>	to like, to prefer,

少女マンガはカタカナ王国

28	<ruby>王国<rt>おうこく</rt></ruby>	kingdom
29	<ruby>欧米<rt>おうべい</rt></ruby>	Europe and America, the West
	<ruby>言語<rt>げんご</rt></ruby>	language
	*<ruby>由来<rt>ゆらい</rt></ruby>（する）	origin
	*<ruby>外来語<rt>がいらいご</rt></ruby>	foreign loan word
	<ruby>地名<rt>ちめい</rt></ruby>	place name
30	<ruby>原則<rt>げんそく</rt></ruby>	principle, general rule
31	*<ruby>固有名詞<rt>こゆうめいし</rt></ruby>	proper noun
	<ruby>一種<rt>いっしゅ</rt></ruby>	kind
32	<ruby>使用<rt>しよう</rt></ruby>（する）	use
	<ruby>限定<rt>げんてい</rt></ruby>（する）	limitation
34	<ruby>品詞<rt>ひんし</rt></ruby>	part of speech
	*<ruby>分類<rt>ぶんるい</rt></ruby>（する）	classification
35	<ruby>図表<rt>ずひょう</rt></ruby>	chart, diagram
表	<ruby>単語<rt>たんご</rt></ruby>	word, vocabulary

	<ruby>動詞<rt>どうし</rt></ruby>	verb
	<ruby>形容詞<rt>けいようし</rt></ruby>	adjective, *i*-adjective
	<ruby>形容動詞<rt>けいようどうし</rt></ruby>	adjectival noun, *na*-adjective
	<ruby>副詞<rt>ふくし</rt></ruby>	adverb
	<ruby>感動詞<rt>かんどうし</rt></ruby>	interjection
36	あらゆる	all
	わたる／<ruby>渡る<rt>わた</rt></ruby>	to extend, to cover
38	<ruby>主役<rt>しゅやく</rt></ruby>	leading part/role
40	*<ruby>雑誌<rt>ざっし</rt></ruby>	magazine, periodical
	*<ruby>年齢<rt>ねんれい</rt></ruby>	age
	<ruby>基づく<rt>もと</rt></ruby>	to be based on
42	*<ruby>掲載<rt>けいさい</rt></ruby>（する）	publication (e.g. of an article in a newspaper)
	<ruby>採る<rt>と</rt></ruby>	to take (e.g. a sample)
	<ruby>想定<rt>そうてい</rt></ruby>（する）	assumption
43	<ruby>読者層<rt>どくしゃそう</rt></ruby>	readership, target audience (of a magazine)
	<ruby>小学生<rt>しょうがくせい</rt></ruby>	elementary school student
	<ruby>女子<rt>じょし</rt></ruby>	girl
	<ruby>作者<rt>さくしゃ</rt></ruby>	author
	<ruby>編集者<rt>へんしゅうしゃ</rt></ruby>	editor (in publishing, etc.)
44	*<ruby>避ける<rt>さ</rt></ruby>	to avoid
	<ruby>心掛ける<rt>こころが</rt></ruby>	to keep in mind
45	<ruby>低学年<rt>ていがくねん</rt></ruby>	lower grades of primary school
	<ruby>含む<rt>ふく</rt></ruby>	to contain, to include
47	<ruby>部分的<rt>ぶぶんてき</rt></ruby>（な／に）	partial
48	<ruby>全体的<rt>ぜんたいてき</rt></ruby>（な／に）	overall, on the whole
51	<ruby>冒頭<rt>ぼうとう</rt></ruby>	beginning
53	<ruby>学習<rt>がくしゅう</rt></ruby>（する）	study, learning
55	<ruby>与える<rt>あた</rt></ruby>	to give, to assign, to cause
56	<ruby>異なる<rt>こと</rt></ruby>	to differ
58	<ruby>対立<rt>たいりつ</rt></ruby>（する）	confrontation
59	<ruby>平安時代<rt>へいあんじだい</rt></ruby>	*Heian* period (794-1185)
60	さかのぼる	to go back (in time, to origin)
	<ruby>当時<rt>とうじ</rt></ruby>	at that time, in those days
	<ruby>男手<rt>おとこで</rt></ruby>	male labor, man's handwriting

	女手	female labor, woman's handwriting
61	公的（な／に）	public, official
	文書	document, writing, letter
	扱う	to deal with
	必要性	necessity
	読み書き	reading and writing
62	*能力	ability
	私的（な／に）	personal, private
	和歌	waka, classic Japanese poem
63	*習得（する）	learning, acquisition (of a skill, knowledge, etc.)
	過程	process
65	簡単（な／に）	simple, easy
	大人っぽい	grown-up (manner, etc.), mature
66	複雑（な／に）	complex
	付与（する）	assignment, grant
	幼児	young child, toddler
	－向け	intended for
	絵本	picture book
67	もっぱら	entirely, exclusively
68	形成（する）	formation, making up
	一役買う	to take on a role, to take part
	間違い	error, mistake
70	画数	stroke count
71	滑らか	smooth, soft
	曲線	curve
	構成（する）	composition
73	直線	straight line
	鋭い	sharp
76	*共通（する）	common, shared
77	意識（する）	awareness, sense
	裏打ち（する）	backing up, support
	結びつく	to be connected
78	生む	to produce, to give rise to
	*担う	to bear (burden, responsibility, etc.)
80	戻る	to return
81	喚起（する）	arousal, awakening
	*動機	motive, incentive
82	支える	to support
83	ゆえに	therefore
86	ふりまく	to spread
87	必ずしも	(not) always, (not) necessarily
	歓迎（する）	welcome
88	守る	to protect
90	追求（する）	pursuit (of a goal, ideal, etc.)
	実践（する）	practice
	描く	to draw, to paint
91	*似合う	to suit, to match
93	切り裂く	to cut something open
94	70年代	1970's, seventies
95	陸奥A子	Eiko Mutsu, a Japanese comic artist
99	樫	oak tree
	木陰	the leafy shade of a tree
	昼寝（する）	nap (afternoon)
100	不思議（な／に）	strange, incredible
107	モノローグ	monologue
	現れる	to appear
108	終助詞	sentence-ending particle
	文末	end of a sentence
	偏る	to be unbalanced
110	あらゆる	all
111	渡る	to extend, to cover
	消極的（な／に）	inactive, passive
112	代表（する）	representative
	乙女	maiden
113	まとう	to put on, to wear
114	合致（する）	agreement
116	壊す	to break, to damage
	程度	degree, extent

第７課　擬音語・擬態語はおもしろい

昔のものほど面白い

	語	意味
	* 擬音語 ぎ おん ご	onomatopoeic word
	* 擬態語 ぎ たい ご	phenomime, mimetic word
	魅せる み	to charm
2	現代 げんだい	nowadays, modern time
3	直結（する） ちょっけつ	direct connection
	育つ そだ	to grow up
4	自明（な） じ めい	self-evident
6	聞き返す き かえ	to ask a question in return
	場 ば	place, spot
7	口を揃える くち そろ	to speak in one voice
10	実は じつ	as a matter of fact
	つかむ	to catch, to grasp
11	室町時代 むろまち じ だい	*Muromachi* period (1333-1573 CE)
	* 資料 し りょう	materials, document
	碧雲 へきうん	bluish cloud
	江湖風月集 こう こ ふうげつしゅう	*Jianghu Fengyueji* (the *Collection of Windand Moon by the River and Lake*, a collection of Chan verses published in the 14th century)
12	抄 しょう	excerpt, selection
	東方 とうほう	eastern direction
	朝日 あさ ひ	morning sun
	毛詩抄 もう し しょう	anthology of classic poetry
15	* 納得（する） なっとく	understanding, being convinced
16	* 存在（する） そんざい	existence
18	ひっかかる	to trouble one's mind, to be caught
	平安時代 へいあん じ だい	*Heian* period (794-1185)
	大鏡 おおかがみ	*Ookagami* (The *Great Mirror*, a historical tale)
19	頭注 とうちゅう	headnote
	* 記す しる	to write down, to note
21	にわかに	suddenly, unexpectedly
	信じる しん	to believe
	なまじ	thoughtlessly

	語	意味
	思い込む おも こ	to be under the impression (that)
22	余計（な／に） よ けい	extra, excess
	雛 ひな	young bird, chick
24	きっかけ	start, motive

犬は「びよ」と鳴いていた

	語	意味
26	江戸時代 え ど じ だい	*Edo* period (1603-1868 CE)
27	写本 しゃほん	written copy of a book
	濁点 だくてん	diacritic kana marks, voiced consonant marks
28	清音 せいおん	unvoiced consonant
	きちんと	accurately, exactly
	区別（する） く べつ	distinction
	表記（する） ひょうき	written representation, transcription
29	校訂（する） こうてい	revision
30	当時 とう じ	at that time, in those days
	実際（に） じっさい	reality, the truth
	再現（する） さいげん	reproduction, recreation
31	悟る さと	to realize, to discern
32	〜ない限り かぎ	unless
	意外（な／に） い がい	unexpected, surprising
	事実 じ じつ	fact
33	次々 つぎつぎ	in succession, one by one
	明るみ あか	the light, 明るみに出る to come to light
	やりがい	being worth doing
35	鶏 にわとり	chicken
	現在 げんざい	now, present time
36	* 文献 ぶんけん	reference, document
	丹念（な／に） たんねん	careful, meticulous
	たどる	to track, to trace to
37	明らか（な／に） あき	clear, evident
38	遡る さかのぼ	to go back (in time, to origin)
39	そもそも	in the first place
40	追求（する） ついきゅう	pursuit (of a goal, ideal, etc.)
41	ついに	finally, at last
42	〜をもとに	on the basis of 〜

	千鳥	plover
43	*聴く	to hear, to listen (e.g. to music)
44	焦点を当てる	to focus
45	今回	this time
	第一部	the first part
	*性質	nature, disposition
	究明（する）	investigation
46	猫	cat
	鼠	mouse, rat
	馬	horse
	狐	fox
	モモンガ	Japanese flying squirrel
	ツクツクボウシ	Meimuna opalifera (species of cicada)
47	鳴き声	cry, sound animals make

鳴き声の変遷で分かる猿と人間の関係

48	変遷（する）	transition, change
	猿	monkey
	人間	human being
49	文化史	cultural history
50	梟	owl
	身近（な／に）	nearby, familiar
	占う	to forecast, to tell someone's fortune
51	糊	glue, clothing starch
	摺る	to pattern fabric using a wooden mold
	翌日	next day
53	当時	at that time, in those days
54	つまり	in short, in brief
	*日常的（な／に）	everyday
	関心	interest, concern
55	ところが	even so, however
56	引き離す	to pull apart, to separate
	浮かび上がる	to come up, to rise up
58	常陸国風土記	*Hitachi Fudoki* (description of the culture of *Hitachi* province, approx. 720 CE)

59	見世物	show, exhibition
61	満足（する）	satisfaction, contentment
62	恐怖	fear
	抱く	to embrace
63	変化（する）	change
	付き合い	socializing

『源氏物語』の美しい擬態語

65	源氏物語	*The Tale of Genji*
66	作者	author
	ただ者	ordinary person
	使い方	usage
67	*場面	scene
	生き生き	in a lively way, vividly
68	全く	completely, absolutely
	結論	conclusion
	先に	first, previously
69	造型（する）	shaping, molding
70	前編	first part
	主人公	main character
	紫の上	Lady *Murasaki* (main character in *Genji Monogatari*)
71	*人柄	personality, character
	*象徴（する）	symbol
72	御法	Chapter 40 of *Genji Monogatari*
73	*形容（する）	describing
74	*色彩	color
	*鮮明（な／に）	vivid
	目のさめる	eye-catching, awesome
	派手やかさ	flashiness
	初出	first appearance
75	特定（する）	specific
	用いる	to use
77	際立つ	to be prominent
	感じ	impression
	表す	to express
	図	illustration, figure
	示す	to indicate

78	玉鬘 たまかずら	*Tamakazura*
	美人 びじん	beautiful woman
	賢い かしこ	wise
80	浮舟 うきふね	*Ukifune*
81	いずれも	all, any
82	方向 ほうこう	direction
	技 わざ	technique, skill
83	舌を巻く した ま	to be astonished
	巧み（な／に） たく	skillfulness
85	黒髪 くろかみ	black hair
	すら	even
87	* 描写（する） びょうしゃ	description
92	作品 さくひん	work (e.g. book, film, composition, etc.)
94	まぜこぜ	jumble (of two or several things), mix
96	光沢 こうたく	gloss, luster
	たたえる	to praise, to compliment
	格 かく	status, rank
	限る かぎ	to limit
97	一方 いっぽう	on the one hand
	こぼれかかる	to spill across
98	脇役 わきやく	supporting role
99	自体 じたい	itself
	繕う つくろ	to mend, to fix
	* 整う ととの	to be well-proportioned
	* 輝く かがや	to shine
100	天性 てんせい	innate disposition
	衣服 いふく	garment
	枕 まくら	pillow, bolster
101	介在（する） かいざい	existing between, involvement
	* 調和（する） ちょうわ	harmony
	二次的（な／に） にじてき	secondary
102	生み出す う だ	to create, to bring forth
	上位 じょうい	superior (in rank)
103	使用（する） しよう	use
109	すます	to finish, to get through with
	生かす い	to make the best use of
	天才 てんさい	genius

| 111 | 目を見張る
め みは | to be wide-eyed, to be amazed/awed |
| 112 | 虜
とりこ | captive |

第8課　ことばは変化する

ラ抜きことばはどう広がったか

	ラ抜き（ことば） ぬ	'ra'-removed word
	* 抜く ぬ	to take out
2	身のまわり み	one's daily life
	何げない なに	casual
	心にとどめる こころ	to bear in mind
	背景 はいけい	background
	* 探る さぐ	to investigate, to search
3	意外（な／に） いがい	unexpected
	奥行き おくゆ	depth
	筆頭 ひっとう	first on a list
4	従来 じゅうらい	traditional, conventional
5	耳につく みみ	to catch one's attention
6	あだ名 な	nickname

明晰化という変化理由

7	明晰（な／に） めいせき	clarity
	* 変化（する） へんか	change, variation
8	方言 ほうげん	dialect
9	個々 ここ	individual
	動詞 どうし	verb
	使用（する） しよう	use
	場面 ばめん	scene, setting
	気づく き	to notice, to become aware of
	じわじわ	gradually
	勢力 せいりょく	influence, power
10	起こる お	to happen
11	程度 ていど	degree
	一般（に） いっぱん	general
	めだつ	to be noticeable
12	* 非難（する） ひなん	criticism
	投書欄 とうしょらん	readers' column, letters to the editor section
	識者 しきしゃ	well-informed person, intelligent person

14	年を追って	over years, as the years go by		時には	at times, occasionally
	* 弁護（する）	defense	29	誤解（する）	misunderstanding
	論調	tone (of argument)		子孫	descendant, offspring
	以前	before		現代	nowadays
	* 乱れ	disorder		口語	spoken language, colloquial speech
15	圧倒的（な／に）	overwhelming	30	整理（する）	organization, putting in order
	崩壊（する）	collapse, disintegration		当選（する）	success in election
	堕落（する）	be corrupted		確実（な／に）	for certain, sure
	悲観的（な／に）	pessimistic	33	理論的（な／に）	theoretical
16	近年	recent years	34	ばあい	case, occasion
	合理的（な／に）	rational	35	* 採用（する）	use, adoption
	必然	inevitable	35	誕生（する）	birth, creation
17	擁護（する）	defense (e.g. of a position in debate)	37	軽減（する）	reduction
	世間	society, public		役割	part, role
	使用率	utilization rate	40	* 分布（する）	distribution
	対応関係	correspondence	41	全国	the whole country
18	実際（に）	reality	42	近畿地方	*Kinki* region (including *Osaka*, *Kyoto*, *Nara*, etc.)
	世論	public opinion		* 地域	region
	並行的（な／に）	parallel	43	* 原因	cause
19	興味深い	very interesting, of great interest	44	思いつく	to think of
21	* 可能（な）	potential	45	表現（する）	expression
	区別（する）	distinction	46	敬語	honorifics, polite expression
	活用（する）	conjugation, inflection	47	自然（な／に）	natural
22	整う	to be in order	48	中国地方	*Chūgoku* region of western *Honshū*
23	論拠	grounds of an argument	49	重なる	to overlap
24	受け身	passive voice		付近	neighborhood
26	* 根本的（な／に）	fundamental, basic		関東地方	*Kantō* region
	説明（する）	explanation	50	神奈川県	*Kanagawa* prefecture
	古代	ancient times	51	受け入れ	acceptance
	さかのぼる	to trace back		山の手	residential region
	必要（な）	necessity	53	逆に	conversely
27	助動詞	auxiliary verb, inflecting suffix		東北地方	*Tōhoku* region
	自発	spontaneous		行き渡る	to spread throughout, to become widespread
	尊敬（する）	honorific	56	しぼる	to narrow down
	* 種類	kind, type	60	指す	to identify, to refer to
	用法	rules of use		論理的（な／に）	logical
28	* 機能	function			

	内容 ないよう	content		奈良時代 なら じ だい	*Nara* period (710-794 CE)
	観点 かんてん	point of view		以来 い らい	since, henceforth
	都合 つ ごう	circumstances, condition	83	各地 かく ち	various places
61	関わる かか	to touch on, to influence		残る のこ	to remain
	情緒的（な／に） じょうちょてき	emotional, affective	84	得る え ろ	to get, to obtain
62	混同（する） こんどう	confusion, mix up	85	読み得る よ え ろ	be able to read
63	目上 め うえ	(See 目下) superior, senior	86	源泉 げんせん	source (of knowledge), origin
64	能力 のうりょく	ability		諸説 しょせつ	various theories
	問う と	to ask, to inquire	87	室町時代 むろまち じ だい	*Muromachi* period (1333-1573 CE)
	叱る しか	to scold		先祖 せん ぞ	ancestor
	かなわない	unbearable	88	国語史 こく ご し	the history of the Japanese language
65	人間関係 にんげんかんけい	human relations		資料 し りょう	materials, data, document
66	望ましい のぞ	desirable	89	知れる し	to become known
	一見 いっけん	look, glance		自動詞 じ どう し	intransitive verb
67	関わり合う かか あ	to have something to do with		生じる しょう	to be generated
			90	五段活用 ご だんかつよう	5-tier verb inflectional paradigm

ラ抜きことばと動詞の活用

69	整備（する） せい び	putting in place, development	91	相手 あい て	other party, addressee
70	暗記（する） あん き	memorization		意図 い と	intention
	科目 か もく	(school) subject, course	93	* 否定（する） ひ てい	negation
71	退屈（な）（する） たいくつ	tedium, boredom		古典 こ てん	classic (work, esp. book)
73	無意識（な／に） む い しき	unconsciousness		四段動詞 よ だんどう し	4-tier conjugation verb
	* 従う したが	to follow	96	典型 てんけい	type, perfect example
74	限る かぎ	to restrict		江戸時代 え ど じ だい	*Edo* period (1603-1868 CE)
	全体 ぜんたい	whole, entirety	97	～を通じて つう	throughout
	考察（する） こうさつ	consideration, inquiry	98	類 たい	kind, sort, type
75	* 規則 き そく	rule	99	後半 こうはん	second half, latter half
76	筆者 ひっしゃ	writer		明治 めい じ	*Meiji* era (1868.9.8-1912.7.30)
	感動（する） かんどう	being deeply moved emotionally, excitement	101	遅速 ち そく	slowness and fastness
78	たどる	to follow (road)		例外 れいがい	exception
	道筋 みちすじ	path, route	102	大正 たいしょう	*Taishō* era (1912-1926)
79	含む ふく	to contain		成立（する） せいりつ	formation, establishment
	眺めわたす なが	to gaze out over	104	* 普及（する） ふ きゅう	dissemination, spread
80	昔 むかし	in old days, in the past		* 段階 だんかい	stage, phase
81	系統 けいとう	lineage, line, group		気配 け はい	indication, sign
	主流 しゅりゅう	mainstream	105	述べる の	to mention

106	変格活用 <ruby>へ<rt></rt></ruby>んかくかつよう	irregular conjugation
	* 影響（する） <ruby>えいきょう<rt></rt></ruby>	influence
	及ぶ <ruby>およ<rt></rt></ruby>	to reach, to extend
107	複雑（な／に） <ruby>ふくざつ<rt></rt></ruby>	complex, complicated
	不規則（な／に） <ruby>ふ きそく<rt></rt></ruby>	irregularity
108	示す <ruby>しめ<rt></rt></ruby>	show, to demonstrate
	所属（する） <ruby>しょぞく<rt></rt></ruby>	belonging to
	仲間 <ruby>なか ま<rt></rt></ruby>	member of the same category
109	孤立（する） <ruby>こりつ<rt></rt></ruby>	isolation, being alone
110	一段活用 <ruby>いちだんかつよう<rt></rt></ruby>	1-tier verb conjugation
111	用例 <ruby>ようれい<rt></rt></ruby>	example
112	実地調査 <ruby>じっちょうさ<rt></rt></ruby>	field study
114	騒ぐ <ruby>さわ<rt></rt></ruby>	to make noise, to be alerted
117	上一段 <ruby>かみいちだん<rt></rt></ruby>	conjugation of *ichidan* verbs ending in "-*i-ru*"
	上二段 <ruby>かみ に だん<rt></rt></ruby>	conjugation of *nidan* verbs ending in "-*u*"
	下一段 <ruby>しもいちだん<rt></rt></ruby>	conjugation of *ichidan* verbs ending in "-*ru*" "*keru*"
	下二段 <ruby>しも に だん<rt></rt></ruby>	conjugation of *nidan* verbs ending in "-*e-ru*"
118	一体化（する） <ruby>いったい か<rt></rt></ruby>	unification
119	扱う <ruby>あつか<rt></rt></ruby>	to handle
120	発生（する） <ruby>はっせい<rt></rt></ruby>	occurrence
	時期 <ruby>じ き<rt></rt></ruby>	time, period
	前述（する） <ruby>ぜんじゅつ<rt></rt></ruby>	aforementioned, above-mentioned
121	昭和 <ruby>しょう わ<rt></rt></ruby>	*Shōwa* era (1926-1989)
	初期 <ruby>しょ き<rt></rt></ruby>	initial stage
122	最中 <ruby>さいちゅう<rt></rt></ruby>	in the middle of
123	あたる	be equivalent to, to correspond to
124	存在（する） <ruby>そんざい<rt></rt></ruby>	existence, being
	幼児 <ruby>ようじ<rt></rt></ruby>	young child, toddler
125	成長（する） <ruby>せいちょう<rt></rt></ruby>	growing up
126	過去形 <ruby>か こけい<rt></rt></ruby>	past tense
127	語源 <ruby>ごげん<rt></rt></ruby>	derivation of a word, etymology
127	似る <ruby>に<rt></rt></ruby>	to resemble
128	サ変動詞 <ruby>へんどうし<rt></rt></ruby>	nominal verb, verbal noun

	単独 <ruby>たんどく<rt></rt></ruby>	alone, solo
	同情（する） <ruby>どうじょう<rt></rt></ruby>	sympathy, compassion
129	愛する <ruby>あい<rt></rt></ruby>	to love
132	あてはめる	to apply
134	当たり前 <ruby>あ<rt></rt></ruby> <ruby>まえ<rt></rt></ruby>	ordinary, natural
135	後述（する） <ruby>こうじゅつ<rt></rt></ruby>	under-mentioned
136	先端的（な／に） <ruby>せんたんてき<rt></rt></ruby>	ultramodern, advanced
	用いる <ruby>もち<rt></rt></ruby>	to use, to make use of
	共通語 <ruby>きょうつうご<rt></rt></ruby>	common language, lingua franca
137	登場（する） <ruby>とうじょう<rt></rt></ruby>	appearance

第９課　方言を見てみよう

どこで言うだ

	言い方 <ruby>い<rt></rt></ruby> <ruby>かた<rt></rt></ruby>	way of saying
2	畑 <ruby>はたけ<rt></rt></ruby>	field (for fruits, vegetables, etc.)
	誰 <ruby>だれ<rt></rt></ruby>	who
	言い回し <ruby>い<rt></rt></ruby> <ruby>まわ<rt></rt></ruby>	expression
	典型的（な／に） <ruby>てんけいてき<rt></rt></ruby>	typical, stereotypical
3	イメージ	mental image, impression
	与える <ruby>あた<rt></rt></ruby>	to give
4	動詞 <ruby>どうし<rt></rt></ruby>	verb
	部分 <ruby>ぶぶん<rt></rt></ruby>	section, part
5	都会 <ruby>と かい<rt></rt></ruby>	city
	汚い <ruby>きたな<rt></rt></ruby>	dirty
	形容詞 <ruby>けいようし<rt></rt></ruby>	adjective, *i*-adjective in Japanese
6	* 適用（する） <ruby>てきよう<rt></rt></ruby>	applying, adoption
	用言 <ruby>ようげん<rt></rt></ruby>	declinable word, inflectable word
8	共通（する／な／に） <ruby>きょうつう<rt></rt></ruby>	common, shared
	想定（する） <ruby>そうてい<rt></rt></ruby>	hypothesis, supposition
9	架空 <ruby>かくう<rt></rt></ruby>	fictitious, imaginary
	バーチャル	virtual
10	筆者 <ruby>ひっしゃ<rt></rt></ruby>	writer, author
	現実 <ruby>げんじつ<rt></rt></ruby>	reality
	即す <ruby>そく<rt></rt></ruby>	to conform to, to agree with
	* 方言学 <ruby>ほうげんがく<rt></rt></ruby>	dialectology

	* 言語地理学 げんごちりがく	linguistic geography	

	接続助詞 せつぞくじょし	conjunction particle (e.g., *ba, kara, keredo*, etc.)
26	該当（する） がいとう	being applicable to
	* 容易（な／に） ようい	easy
	* 推測（する） すいそく	guess, conjecture
27	現れる あらわ	to appear, to come in sight
28	存在（する） そんざい	existence, being
	〜がちだ	tend to 〜
29	発想（する） はっそう	idea
	背景 はいけい	background
	訛る なま	to speak with an accent
	末 すえ	after (as 〜した末 or 〜の末)
30	先入観 せんにゅうかん	preconception
	冷静（な／に） れいせい	calmness
	高層 こうそう	high-rise (building)
31	大気 たいき	air
	汚染（する） おせん	pollution
	もともと	originally, from the start
32	いくらでも	as many/much as one likes
	思い浮かべる おも う	to call to mind, to be reminded of
33	文献 ぶんけん	document, books (reference)
	* 基づく もと	to be based on
	歴史 れきし	history
	不要（な） ふよう	unnecessary
34	語形 ごけい	word form
	動作 どうさ	action, motions
	そのもの	the very thing, itself
35	含む ふく	to contain
	* 状況 じょうきょう	state of affairs, situation
	相当（する） そうとう	being equivalent to
36	* 慣用句 かんようく	idiom, idiomatic phrase
	ことわざ	proverb
	易し やす	easy
	難し かた	difficult
	一時 いっとき	moment, at one time

11	* 実践（する） じっせん	practice, implementation
	空想（する） くうそう	imagination
	扱う あつか	to deal with
12	例 れい	instance, example
	* 断定（する） だんてい	judgement, assertion
	助動詞 じょどうし	auxiliary verb
	直接 ちょくせつ	directly
13	表現（する） ひょうげん	expression
	用いる もち	to use
	探る さぐ	to investigate, to search for
	図 ず	figure, illustration
14	長野 なが の	Nagano (city, prefecture)
	山梨 やまなし	Yamanashi (city, prefecture)
	静岡 しずおか	Shizuoka (city, prefecture)
	愛知 あい ち	Aichi (prefecture)
	中心 ちゅうしん	center
	中部地方 ちゅうぶ ち ほう	Chūbu region
	地域 ち いき	area, region
16	東北 とうほく	north-east
	* 想像（する） そうぞう	imagination
	福島 ふくしま	Fukushima (city, prefecture)
17	山陰 さんいん	San-in region
	千葉 ち ば	Chiba (city, prefecture)
18	まとまり	unity

「の」が脱落したのか

19	* 脱落（する） だつらく	dropping out, omission
20	* 標準語 ひょうじゅんご	standard language
21	つなげる	to connect
24	本書 ほんしょ	this book
	さかのぼる	to go back, to date back
	章 しょう	chapter
25	分布（する） ぶん ぷ	distribution
	原因 げんいん	cause
	表す あらわ	to represent

	恥 はじ	shame, embarrassment, disgrace
37	末代 まつだい	forever, in perpetuity
	名残 なごり	holdover from
	用法 ようほう	usage, rules of use
38	* 当たる あ	to be equivalent to
	体言 たいげん	uninflected word or phrase
	準じる じゅん	to follow, to conform
	準体法 じゅんたいほう	expressing noun clauses in the adnominal form (e.g., 言うは易し)
40	形式 けいしき	form, type
	* 分析的（な／に） ぶんせきてき	analytical
	すなわち	that is, namely
41	表示（する） ひょうじ	indication, expression
	成立（する） せいりつ	formation
42	再び ふたた	again
	方向 ほうこう	direction
44	みすみす	before one's own eyes, without resistance
45	発生（する） はっせい	generation
46	一方 いっぽう	on the other side
48	－型 がた	type
49	県 けん	prefecture
	茅野市 ち の し	Chino City
	信州大学 しんしゅうだいがく	Shinshū University
	澤木幹栄 さわ き もとえい	Motoei Sawaki
50	共同 きょうどう	doing together, joint
	調査（する） ちょうさ	survey, investigation
	* 結果 けっか	results
51	示す しめ	to show, to demonstrate
52	市内 し ない	within the city
53	ほぼ	almost, roughly
	全域 ぜんいき	the whole area
	使用（する） し よう	use, utilization
	地点 ち てん	site, point on a map
	若干 じゃっかん	some, few, a little
	* 減少（する） げんしょう	decrease
	ものの	although
54	* 偏り かたよ	deviation, skew ←偏る かたよ

55	鉄道 てつどう	railroad
	中央本線 ちゅうおうほんせん	Chūō Line
	分かれる わ	to branch
57	もたらす	to bring about
	内容 ないよう	content
	* 具体的（な／に） ぐたいてき	concrete
58	従う したが	to follow
	* 離れる はな	to depart
59	備わる そな	to be possessed of, to be endowed with

第 10 課　これからの日本語

マイノリティのための〈やさしい日本語〉とマジョリティにとっての〈やさしい日本語〉

3	専門用語 せんもんようご	technical term
	用いる もち	to use, to make use of
	阪神淡路大震災 はんしんあわ じ だいしんさい	the Great Hanshin Earthquake of 1995
4	以降 い こう	on and after, hereafter, thereafter, since,
	減災 げんさい	reduction of the effects of a natural disaster
	使用法 し ようほう	usage, operation procedure
6	平時 へい じ	nomal times, peacetime
	情報 じょうほう	information
	提供（する） ていきょう	offering
7	検討（する） けんとう	consideration, investigation
	本章 ほんしょう	this chapter
8	表記（する） ひょうき	written representation
9	在住（する） ざいじゅう	residing
	通常 つうじょう	usual, ordinary
	成人 せいじん	adult, grownup
10	少数者 しょうすうしゃ	the minority
11	保障（する） ほ しょう	guarantee, assurance
13	多数派 た すう は	majority group
	健常者 けんじょうしゃ	non-handicapped person
	母語話者 ぼ ご わ しゃ	native speaker
14	重要（な） じゅうよう	important
15	理念 り ねん	foundational principle, idea

No.	日本語	English
	自体（じたい）	itself
	* 国際化（こくさいか）（する）	internationalization
17	次節（じせつ）	next chapter
	見取り図（みとりず）	sketch
18	観点（かんてん）	point of view
19	跡づける（あとづける）	to trace, to inquire into
	共通（きょうつう）（する）	common, shared, -wide
20	論じる（ろんじる）	to discuss, to argue

マイノリティのための〈やさしい日本語〉

No.	日本語	English
23	* 居場所（いばしょ）	place where one belongs
	バイパス	bypass
24	側面（そくめん）	aspect
26	主（おも）（な／に）	mainly
	対象（たいしょう）	target, object (of study, etc.)
28	なじむ	to become familiar with
32	想像（そうぞう）（する）	imagination
34	扱う（あつかう）	to deal with, to treat
35	初期（しょき）	initial stage
	公的（こうてき）（な／に）	public, official
37	政府（せいふ）	government
	正式（せいしき）（な／に）	official, formality
	* 移民（いみん）	immigration, emigration
	* 政策（せいさく）	policy
	採る（とる）	to adopt (method, proposal, etc.)
	課す（かす）	to impose, to assign
	* 義務（ぎむ）	duty, obligation
	一定（いってい）	certain, standardized
38	能力（のうりょく）	ability
	* 求める（もとめる）	to require, to request
	予想（よそう）（する）	expectation, anticipation
39	* 権利（けんり）	right
	定住（ていじゅう）（する）	settlement, permanent residency
	目的（もくてき）	purpose, intention
40	入国（にゅうこく）（する）	entry into a country
	際（さい）	on the occasion of
	費用（ひよう）	cost, expense
	税金（ぜいきん）	tax
41	行う（おこなう）	to perform, to do
	内容（ないよう）	content
	実用的（じつようてき）（な／に）	practical, useful
42	効果（こうか）	effect, effectiveness
43	理論的（りろんてき）（な／に）	theoretical
	考察（こうさつ）（する）	consideration, inquiry
44	地域（ちいき）	area, region
50	候補（こうほ）	candidate
	調整（ちょうせい）（する）	adjustment
	* 加える（くわえる）	to add
51	不可（ふか）	improper, inadvisable
	立場（たちば）	position, viewpoint
	語学（ごがく）	study of foreign languages
52	判断（はんだん）（する）	judgement
	多文化（たぶんか）	many cultures, multicultural
	* 共生（きょうせい）（する）	coexistence
	合致（がっち）（する）	agreement, conformance
53	海外（かいがい）	foreign, abroad
57	あり得る（うる）	to be possible, to be likely
図	受け入れる（うけいれる）	to accept
	語彙（ごい）	vocabulary
	習得（しゅうとく）（する）	learning, acquisition (of a skill, knowledge, etc.)
	コード	code
	制限（せいげん）（する）	restriction
	翻訳（ほんやく）（する）	translation
59	勝手（かって）（な／に）	voluntarily
60	実現（じつげん）（する）	implementation
61	意識（いしき）（する）	consciousness, awareness
	次第（しだい）	depending on
63	* 教育（きょういく）（する）	education
65	区分（くぶん）（する）	division, section
66	両者（りょうしゃ）	the two, both things
	異なる（ことなる）	to differ
	文型（ぶんけい）	sentence pattern

67	積み上げる （つ）（あ）	to pile up, to build
	一式 （しき）	style
	持ち込む （も）（こ）	to bring in
69	実態 （じったい）	reality, actual condition
	（〜に）そくした	conforming to
70	構想（する） （こうそう）	plan, idea
73	ルーツ	roots
75	議論（する） （ぎろん）	argument, discussion
	重視（する） （じゅうし）	regarding as important
77	まっとうに（／な）	proper, respectable, decent
	＊努力（する） （どりょく）	effort
78	＊対等（な／に） （たいとう）	equality (esp. of status, etc.)
	競争（する） （きょうそう）	competition
	自力 （じりき）	one's own efforts
	人生 （じんせい）	life
	可能性 （かのうせい）	potential
79	流動性 （りゅうどうせい）	mobility (social, job, etc.), liquidity
	配慮（する） （はいりょ）	consideration
80	＊欠く （か）	to lack
	経済 （けいざい）	economics, business
	排除（する） （はいじょ）	exclusion
81	階層 （かいそう）	class, stratum
	＊将来的（な／に） （しょうらいてき）	future
	＊発展（する） （はってん）	development, growth
83	欧米 （おうべい）	Europe and America, the West
	極めて （きわ）	extremely
84	同様（な／に） （どうよう）	same, similar
85	下線部 （かせんぶ）	underlined part
86	進学（する） （しんがく）	entering a higher-level school
	遅くとも （おそ）	if not sooner
87	身につける （み）	to acquire knowledge
88	方策 （ほうさく）	plan, policy

マジョリティにとっての〈やさしい日本語〉

92	機能（する） （きのう）	function
94	本節 （ほんせつ）	this chapter
95	鏡 （かがみ）	mirror

96	活動（する） （かつどう）	activity
97	相手 （あいて）	other party, addressee, opponent (sports, etc.)
	＊伝える （つた）	to convey
	同意（する） （どうい）	agreement, consent
99	論文 （ろんぶん）	thesis, paper, article
	口頭発表（する） （こうとうはっぴょう）	oral presentation
	企業 （きぎょう）	enterprise, company
	就職（する） （しゅうしょく）	finding employment, getting a job
100	面接（する） （めんせつ）	interview (e.g. for a job)
	各種 （かくしゅ）	every kind, all sorts
	日常生活 （にちじょうせいかつ）	everyday life, daily life
	自治会 （じちかい）	neighborhood council
101	当たる （あ）	to be equivalent to, to be applicable
	感想文 （かんそうぶん）	written description of one's thoughts,
	自ら （みずか）	oneself, personally
102	述べる （の）	to state, to express
	＊盛ん（な／に） （さか）	actively, frequently
103	認める （みと）	to recognize, to accept
105	ロールプレイ	roleplay
106	磨く （みが）	to polish
107	同士 （どうし）	fellow, mutual
	説得（する） （せっとく）	persuasion
	否 （いな）	no
108	＊指摘（する） （してき）	pointing out
109	真正性 （しんせいせい）	authenticity
111	一形 （けい）	form, shape
112	役割 （やくわり）	part, role
	担う （にな）	to bear (burden, responsibility)
113	意義 （いぎ）	meaning, significance
	示す （しめ）	to show, to demonstrate
118	容易（な／に） （ようい）	easy
	過程 （かてい）	process
120	予想（する） （よそう）	expectation
121	状況 （じょうきょう）	situation
	公平（な／に） （こうへい）	fairness
122	引用（する） （いんよう）	quotation, citation

	ご覧になる <small>らん</small>	(honorific) to see, to look
123	大手 <small>おおて</small>	major company
	技術 <small>ぎじゅつ</small>	technology
	研修生 <small>けんしゅうせい</small>	trainee
124	引率（する） <small>いんそつ</small>	leading
127	幼児 <small>ようじ</small>	young child, toddler
	似る <small>に</small>	to resemble, to sound like
128	人格 <small>じんかく</small>	personality, individuality
	結びつける <small>むす</small>	to combine, to tie on
	反応（する） <small>はんのう</small>	reaction
	解釈（する） <small>かいしゃく</small>	interpretation
130	恣意性 <small>し　い　せい</small>	arbitrariness
	性質 <small>せいしつ</small>	nature, disposition
	区切り目 <small>く　ぎ　め</small>	pause
131	表れる <small>あらわ</small>	to come in sight, to become visible
132	* 客観的（な／に） <small>きゃっかんてき</small>	objective
133	実際（に） <small>じっさい</small>	practicality, reality
134	* 差別（する） <small>さ　べつ</small>	distinction, differentiation
	歴史的（な／に） <small>れきしてき</small>	historical, traditional
	方言 <small>ほうげん</small>	dialect
136	含む <small>ふく</small>	to include
	等しく <small>ひと</small>	equally
138	狭い <small>せま</small>	narrow, confined
	島国 <small>しまぐに</small>	island country
	脱する <small>だっ</small>	to escape from, to get out
	大陸 <small>たいりく</small>	continent
139	許容（する） <small>きょよう</small>	allowance, acceptance, tolerance
	説く <small>と</small>	to explain
140	傾聴（する） <small>けいちょう</small>	listening closely
	値する <small>あたい</small>	to be worth
142	知力 <small>ち　りょく</small>	mind, intelligence
143	尊厳（する） <small>そんげん</small>	dignity
	属する <small>ぞく</small>	to belong to
	あざける	to deride as, to make fun of
144	真に <small>しん</small>	indeed
	おぞましい	disgusting
145	手立て <small>て　だ</small>	operating procedure, method
146	発する <small>はっ</small>	to produce, to give forth
	好み <small>この</small>	taste, preference
147	傲慢（な／に） <small>ごうまん</small>	haughty, arrogant
	感性 <small>かんせい</small>	sensitivity, sense (of ~)
148	反省（する） <small>はんせい</small>	reflection, reconsideration